中华民族伟大的民族凝聚力和坚韧不拔的精神是在中国漫长的历史长河中不断地沉淀积聚而成的，所以她也必然会在将来的社会中不断发挥着自己的作用，成为一个民族不断发展和进步的动力。这一套《感动一个国家的人物》系列丛书对于青少年的教育意义，就在于能够使我们在新的一代人中传承这种不懈的精神。

中央文献研究室 研究员 陈晋

《感动一个国家的人物》系列丛书会让更多的人去关注日益远离我们的最可爱的人，他们有的是为了民族独立和人民解放英勇牺牲，值得历史永远铭记的革命先烈；有的是为了党和人民的事业不懈奋斗的基层优秀共产党员、战斗英雄和革命群众的杰出代表；有的是坚决拥护和支持革命事业，积极从事进步活动的著名爱国民主人士和国际友人等等。让我们永远铭记这些为了今天美好生活而无私付出，甚至奉献生命的感动中国的先进人物。

中央电视台 高级编辑 陈汉元

项目名称：《感动一个国家的人物》（2010 年项目）

申报亮点：对青少年进行社会主义核心价值体系教育

承担单位：黑龙江少年儿童出版社有限公司

主要内容：项目展示新中国成立以来，在全国各行各业涌现出的英雄人物和先进人物的事迹。

专家评价：该项目思想性强，系统整理感动国家的人物，并根据青少年的思想、语言和个性特征进行创作，体现了较强的科学性和创新性，也具有鲜明的文化传承价值，作者队伍素质较高。

摘自中国新闻出版报《解读 2012 年度基金申报七大方向》
国家出版基金规划管理办公室

感动

G—A—N

D—O—N—G

第一辑 1

一个国家的人物

YIGE GUOJIA DE RENWU

新华社电视节目中心 编著

黑龙江出版集团

黑龙江少年儿童出版社

图书在版编目（CIP）数据

感动一个国家的人物. 第1辑. 1 / 新华社电视节目
中心编著. -- 哈尔滨 : 黑龙江少年儿童出版社, 2011.5(2020.10重印)
ISBN 978-7-5319-2945-1

Ⅰ. ①感⋯ Ⅱ. ①新⋯ Ⅲ. ①人物－生平事迹－中国
－现代 Ⅳ. ①K820.7

中国版本图书馆CIP数据核字(2011)第088459号

感动一个国家的人物　第1辑

新华社电视节目中心　编著

总 策 划：赵　力　张立新

统筹策划：祝世安

责任编辑：商　亮

特邀编辑：王念红

封面题字：李士学

封面设计：袁　洁

设计制作：袁　洁

责任印制：李　妍

责任发行：王小宇

营销推广：北京云居天地文化发展有限公司

网络出版支持单位：东北网络台（www.dbw.cn）

出版发行：黑龙江少年儿童出版社（哈尔滨市南岗区宜庆小区 8 号楼 150090）

印　　刷：北京一鑫印务有限责任公司

开　　本：787 mm × 1092 mm 1/16

印　　张：9.75

版　　次：2011 年 5 月第 1 版　2020 年 10 月第 3 次印刷

书　　号：ISBN 978-7-5319-2945-1

定　　价：39.80 元

时代旋律 人民感动

贾克闻

　　这些年，我们的心灵、我们的情感，会因为中央电视台"感动中国"年度人物评选活动的开展而荡漾起阵阵感动的涟漪。这涟漪涌自心底，是美丽而温暖的，甚至可以说是难能可贵、鼓舞人心的。因为在中国国民经济迅猛发展的进程中，行色匆匆的我们仍能发现身边存在那么多令人感动的人和事，我们灵魂深处还柔软得能够因此而感动，并且，在宣泄着感动的同时，我们的心灵得到了净化和滋养，我们的精神境界得到了升华，我们的思想充满了力量。

　　我们需要这样的感动，需要更多这样的感动引领我们不断向前。多年以来，在全国广泛开展的"100位为新中国成立做出突出贡献的英雄模范人物和100位新中国成立以来感动中国人物"评选活动，以及"全国道德模范"评选活动、"中国网事"年度网络人物评选活动等，都与"感动中国"年度人物评选活动具有同样的精神内涵，让我们在持续不断的感动之中学习英雄模范的先进事迹，弘扬英雄模范的崇高精神，在全社会唱响共产党好、社会主义好、改革开放好、伟大祖国好、各族人民好的时代主旋律。

　　在这滚滚而来的感动热潮中，黑龙江出版集团·黑龙江少年儿童出版社隆重推出的《感动一个国家的人物》系列丛书宛如一束雪浪花，透着清澈，折射着太阳的光芒，呈献在广大读者面前。她是新华社电视节目中心根据"感动中国""双百人物""全国道德模范"等评选活动评选出的数百位具有代表性的英雄模范人物的事迹创作的大型纪实文学，其中的每一段文字都真实记录了英雄模范的感人故事，每一幅珍贵的图片都折射出英雄模范感动一个国家的灵魂之美。这是一幅颂扬英雄模范人物的文学艺术长卷，相信她一定会感动广大读者。

读《感动一个国家的人物》，面对真实感人的英雄模范人物群像，起初，我曾怀疑，李大钊、雷锋、钱学森、孔繁森、邰丽华……这些早已为读者熟知的革命先驱、人民公仆、行业精英、睿智学者、普通百姓的名字，以及他们爱国敬业、坚强勇敢、诚信奉献、孝悌善举等真实故事，还能掀起人们情感的波澜吗？然而，随着深入阅读，我发觉我的怀疑是多余的。作为一部描写英雄模范人物的纪实类作品，作者没有把人物塑造得"高不可攀"，而是围绕"感动"，将笔触直抵主人公的内心深处，挖掘那些能够引起读者共鸣的生活细节，以缩短英雄模范人物与读者的心灵距离。就拿党的好干部孔繁森来说吧，作品写到他赴藏前长跪在母亲的面前，为不能在老母亲膝前尽孝而失声痛哭的情景着实令我为之动容，而当读到孔繁森把藏族老人冻僵的双脚放到自己怀中温暖时，我更是忍不住潸然泪下。孔繁森的小家之爱无条件地服从了大家之爱，大爱无疆，这就是一个共产党员崇高的精神境界。高耀洁，一位年过古稀的老人，本该颐养天年，但她却怀着医者的仁爱之心，倾尽所有自费印刷预防艾滋病宣传资料数万份，而每月200元菜钱成了她和老伴最大的生活开支。整个作品中她没有半句豪言壮语，朴实得就像邻家慈祥的老奶奶。同时我通过故事中穿插的图片，进一步读懂了她的慈和善，读懂了她的执著和坚守。有一幅图片抓拍老人胸佩红丝带签名赠书的情景，看到老人真诚恳切的样子，叫我无法不对她肃然起敬！

读《感动一个国家的人物》，面对真实感人的英雄模范人物群像，感动之余，收获的感悟很多。书中汇集的"感动中国"的人和事，是对中华民族精神和传统美德最深切的召唤。对于我和许多成年人来说，仰视这些英雄模范的同时，会不由得低下头来拷问自己的良心，我们不得不承认，他们所做的许多令人感动的事情，其实有些我们也能够去做，但更多时候，我们已经习惯寻找种种理由为自己的不作为开脱。从阅读此书开始，我们应当认真地重新审视自我，想想应当如何重塑自己的形象。同时，我还想到，《感动一个国家的人物》系列丛书可作为非常生动的思想教育教材，这对于加强党员干部、解放军官兵、青少年社会主义核心价值体系的建设，树立正确的人生观、价值观会有很大的帮助。现阶段的思想教育要避免流于空洞的说教，而真实感人的故事，是最能打动人心的。希望广大读者，特别是青少年朋友都来踊跃阅读《感动一个国家的人物》这样的好书吧，通过阅读，让自己一下子拥有许许多多高尚的朋友，从而找到自己的人生坐标。我深信不疑，在社会与经济快速发展的今天，榜样的力量仍然是无穷的。

读《感动一个国家的人物》系列丛书，面对真实感人的英雄模范人物群像，伴随着感动与感悟，我的内心升腾起浓浓的感恩之情。应当感恩我们的国家培养造就了如此众多的英雄模范，不断引领亿万中华儿女见贤思齐，从而使我们伟大的共和国骄傲地屹立于世界强国之林。感谢新闻出版总署将《感动一个国家的人物》列入国家出版基金项目，它传递出这样的理念，对于为新中国的成立和繁荣富强、和谐美好作出突出贡献的英雄模范人物，人民永远不会忘记他们，共和国永远不会忘记他们，他们是我们民族的精神脊梁。

是为序。

2011 年春

（贾宏图　黑龙江省新闻工作者协会主席，黑龙江省作家协会名誉主席，黑龙江省政府文史研究馆馆员。）

目 录

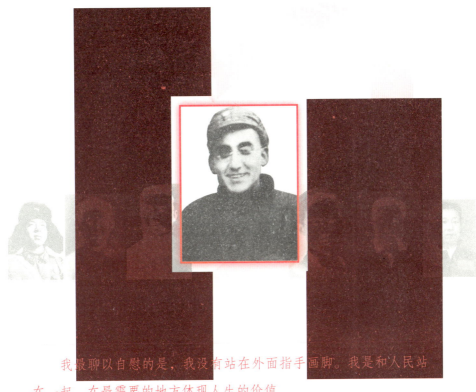

我最聊以自慰的是，我没有站在外面指手画脚。我是和人民站在一起，在最需要的地方体现人生的价值。

——马海德

和中国人民在一起
——马海德

　　20世纪30年代的中国上海，被称为"冒险家的乐园"。1933年，获得贝鲁特美国医科大学医学博士学位的23岁青年乔治，为了进行为期一年的亚洲热带病研究，与自己的两名同学一起来到了上海。

初到上海

乔治和他的同学赴上海进行亚洲热带病研究,此举无异于一场冒险。

后来,马海德的妻子周苏菲回忆说:"年轻人到上海去,可以说是抱着一种幻想。他后来也说,要是现在就不敢这样了。他们一句中文也不会,而且对中国的文化一点儿都不了解。他们只是在报纸上看到了,说上海是世界的乐园。"

可是当他们到上海以后发现,这里并不是一个乐园,这座城市两极分化得非常严重。

也就是这一年,年仅14岁的周苏菲从浙江舟山来到上海读书。这个姑娘做梦也没想到,在这个城市里,一个本打算作短期停留的美国青年,会与自己共度48年的美好时光。

梦想的转变

上海并不是想象中的世界乐园,但却触动了乔治的另一根神经,熟悉的气息唤起了他藏在内心深处的记忆。乔治的父亲14岁时从黎巴嫩来到美国做童工,后来成为炼钢工人。乔治出生在美国纽约州布法罗市,与自己的另外三个兄弟姐妹一起,在贫困家庭中长大。

■ 1949年,傅连暲、马海德、黄树则、姜济贤、叶清山(从右至左)在北京。

有一年,美国流行一种很严重的传染病,乔治一家人也都被传染上了。当时一个美国的老医生给他们治病，不仅治病，还给他们带去很多好吃的。病愈后，乔治就立志长大要做一名医生。

17岁那年，乔治考入美国北卡罗莱纳大学，成为家族中第一名大学生，他经常到学校餐厅打工，换取自己的一顿午餐。

……

■ 1944年，马海德和毛泽东在延安机场亲切交谈。

上海的所见所闻，唤起了乔治对少年时代贫困生活的回忆。上海不是想象中的乐园，这里有许多人生活在苦难之中，他们需要帮助。

无私的价值观

乔治来到上海后，很快开了一家诊所。遇到贫困的病人就以低廉的价格（甚至免费）为他们诊治。他的做法引起了上海进步人士的关注，慢慢地乔治开始用自己的诊所为这些特殊人士提供方便。

一年的研究期满了，两位同学返回了美国，乔治选择了留下。他在1935年寄给朋友的信中写道："当整个世界都在苦难之中的时候，个人的问题微不足道。我对中国和中国人民争取解放的事业十分关注。现在，生命对我来说是如此地有意义。"

1936年，在宋庆龄的推荐下，两个外国人出现在中国工农红军最高指挥部驻地，一个名叫埃德加·斯诺，另一个名叫乔治·海德姆。几个月后，斯诺完成了对毛泽东等人的采访，离开陕北，之后写出了轰动世界的《红星照耀中国》一书。乔治·海德姆自愿留在了中国工农红军，成为红军的卫生部顾问。在为毛泽东、周恩来等红军领导人做医疗保健的同时，他被他们的信仰和追求

深深折服。

马海德说:"我个人对毛泽东的印象是——他是一个非常有人情味的人,他是个伟大的人,天才的军事家,这是众所周知的,也是事实。"

"马大夫"加入了共产党

说起乔治的中国名字,那还要从1937年说起。一次偶然的机会,他跟随周恩来到宁夏工作。他发现当地大多数回族兄弟都姓"马",于是把"海德姆"调过

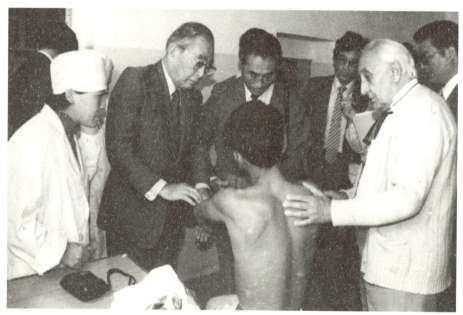

■ 马海德(前右)带领各国医学专家在广东平州麻风病医院为患者会诊。

来成了"马海德"。从此,美国青年乔治变成了同志们亲切称呼的"马大夫"。

周苏菲说:"入党以前他就找过总理,他说他想入中国籍。总理说,哎呀,马大夫啊,你想想我们现在哪有国呀,我们只有党。你想加入中国籍的话就先加入中国共产党吧。"

经吴亮平、陈昌浩介绍,1937年2月马海德正式加入中国共产党,成为第一

个加入中国共产党的西方人。在随后的工作中,他以崇高的国际主义精神和精湛的医术为解放区军民服务,并在对外交往中作出了卓越的贡献。

马海德彻底留在了中国,他在这里实现了自己的人生价值,同时获得了一份美好的爱情。

巨大的贡献

上个世纪60年代,马海德为中国基本消灭性病作出了巨大贡献。80年代,他把全部精力投入到防治麻风病、消除社会对麻风病患者的歧视等工作中来。

马海德的学生谭敦文至今仍然记得,他第一次见到马老师是在1982年的春节。按常规,大夫应该身穿隔离服,手戴橡胶手套,脚穿高筒胶靴。他问马老师:"马老,您穿靴子吗?"马海德说:"不,我把麻风杆菌踩死在脚下。"

周苏菲说:"得了这种病啊,样子很难看,毁容,眼疼,手变形像鸡爪一样,眉毛也掉了,眼皮都翻过来。"

由于社会的歧视,有的麻风病人已经治愈了,可是家人仍然嫌弃他们,无奈他们只能留在医院养老。

可马海德不仅主动和麻风病人握手,还和病人同桌饮茶。治疗时,他把病人的脚放在自己的腿上检查足底溃疡。他想尽办法告诉人们:麻风病不可怕。

马海德还带领全家和麻风病人一起吃饭,和麻风病人握手。

马海德知道如何把个人的力量扩大成集体的力量。

■ 1940年3月,马海德和夫人周苏菲在延安结婚时的留影。

马海德说："单靠我们这二十多个人能有多大力量？所以我们就采取到这个县办个培训班，到那个省办个培训班的办法，希望通过这些培训班充分发挥基层团队的力量。"

1985年，在马海德的筹划下，第一届国际麻风病学术交流会在中国召开。此时，中国50多万麻风病人已经得到了救治，其中40多万病人完全治愈。

在最需要的地方体现人生的价值

1972年，67岁的斯诺病危，受周总理委托，马海德等人前去探望，老友重逢，感慨万千。

周苏菲说："在斯诺的最后时刻，马海德抱着他。斯诺说他非常羡慕乔治选择的道路。乔治留在红军，留在延安，是在最需要的地方体现出了自己的人生价值。"

马海德对医学事业的突出贡献，受到世界的广泛赞誉。

1988年9月，马海德与世长辞，享年78岁。

■ 马海德同他的孙子马军、孙女马兰在家中。

作为一个党员干部我始终认为，做什么事都要贴近群众的心，把准群众的脉，做好群众想办的事。

——邓平寿

家乡·娘亲
——邓平寿

　　2007年2月5日，在邓平寿最后一次离开家22天之后，他的骨灰回到了家乡——他魂牵梦绕的地方。这一天本是他51岁生日。料峭的寒风中，成千上万的乡亲自发地在山道上迎候他的归来，成千上万朵白花为他默默绽放。女儿抱着父亲的相片，陪他走完最后的行程，回到他老母亲的身边。

"他修路比修自己的家还要铁心"

邓平寿，土生土长的虎城人，虎城镇党委书记。虎城镇是重庆市梁平县西北最偏远的一个乡镇。多少年来，虎城镇的大部分村都不通公路，乡亲们只能跟着满山缠绕的羊肠小道转。粮食运不出去，化肥运不进来。邓平寿看在眼里，急在心头。踏着虎城山路长大的他，从1998年出任党委书记起，决心干的第一件事就是修路。

尽管镇政府已经将修建镇办公大楼的资金全部用于交通建设，但是面对2500多万元的预算缺口，发动群众集资修路成为唯一的选择。

邓平寿动员乡亲们："路又搬不走，儿子享福，孙子还能享福。"

邓平寿说："我对乡亲们说，我捐500块钱，另外每一个农民再出100块钱，我们一起来把这条路修起来。"

一位村民对记者说："他修路比修自己的家还要铁心。"

从此以后，不管哪个村、哪个组修路，邓平寿都是自己率先捐款，公开账目，由群众进行监督，这股拼劲儿和开诚布公的做法，一下子激起了乡亲们修路的热情。2005年，邓平寿终于让虎城成为梁平县第一个"村村通公路"的乡镇。

儿子这一走，就再没能回来给老母亲拜年

全虎城镇的人都知道，虽然邓平寿的家离虎城镇不到3000米，可是他只有周末的晚上才会回家。熟悉他的人知道，回家后，他一定要为80多岁的老母亲洗脚。邓平寿的母亲常说："我儿子服侍我服侍得好，到哪里也难找这样的好儿子。"

好几次别人说儿子可能会到县城工作，邓妈妈一直不肯相信。老人家心里

明白,儿子比谁都挂念她。

在邓平寿生前接受采访的录像资料上,他说:"我在农村干了几十年,有了一定的基础,也有了一定的经验,并且乡亲们和村干部对我是有感情的。再说,进城了,离家远了,对家里、对母亲和智障哥哥就照顾不到了。"

■ 邓平寿的工作牌。

2007年1月14日,星期天,邓平寿一大早就离开了家。快过年了,邓妈妈知道,儿子比平常更忙,但她不知道,儿子这一走,就再没能回来给她拜年。

邓妈妈记得儿子走前说:"娘,我走了,中午要多吃饭。"

"蚕桑书记""泥脚书记"

栽桑养蚕在虎城已有30多年的历史,6000多个家庭与此息息相关,年产值近500万元,份额占到全县的一半。怎样让父老乡亲过上富裕的日子,实现桑蚕"万担镇",是邓平寿想得最多的一件事。

2002年,国际丝绸市场低迷,蚕茧价格大幅下滑。茧贱伤农,虎城群众差一点儿把漫山遍野的桑树砍个精光。为了平息群众一时的冲动,邓平寿不但带头在家中示范养蚕,还从早到晚四处奔波,劝阻乡亲们砍树。

作为一个土生土长的虎城人,邓平寿明白,农民的问题出在田里。为此,他在十多年的时间里,几乎用自己的双脚丈量了虎城镇17个村的所有土地,所以他被乡亲们称作"蚕桑书记""泥脚书记"。

邓平寿第一次和死神擦身而过就在桑树林,当时他正在查看桑树的生长情况,了解桑农的需求。

虎城镇永和村村民张能友说:"那天,他正在桑田里和我谈话,突然把胸口按住,咳嗽,咳着咳着就吐出了两口血。"

■ 邓平寿生前在日常工作中随身携带的物品和穿过的胶鞋。

重庆市梁平县虎城镇副镇长邹正国说:"当时我们接到电话,心里就咯噔一下。初步诊断很可能是肺癌,复查的结果还好,是良性肿瘤。"

割了一根肋骨和一片肺叶,手术后的第5天邓平寿就闹着要出院。他舍不得自己的工作,回来后接着又下村了。

他爱这片土地就像爱他的父母一样

邓平寿在虎城期间,共修筑了108千米水泥路,改造旧房100万平方米,增加了60多家企业,新建7所学校,3万多人喝上了自来水,4万多人的钱袋子平均增加了2 400多元,没有一名学生因为贫困辍学,没有一名群众因为生活困难上访。

虎城镇原镇长杨代述说:"他对这片土地的情就像对他的父母、他的儿女

■　乡亲们自发地为邓平寿送行。

一样,这么眷恋。"

2007年1月14日,也就是邓平寿最后一次离开家那天,住在镇上的组织委员廖铭接到了他的电话,他们要一起下村去送桑树苗子。没有人想到,这会是一次永别的远行。

2007年2月1日上午,邓平寿还在忙修路的事;下午,就在他布置养蚕工作时,突发胰腺炎,不治身亡。

邓平寿的离去,让村民们感到太突然了。他们都说,我们还没报答他的恩情,还没来得及感谢他,他就走了。

邓平寿的女儿邓巧娟说:"父亲跟我们在一起的时间太少了,连一张全家福都没来得及拍。他还有那么多事没做就走了。"

2月5日,在这个最寒冷的时节,邓平寿的骨灰回到了家乡。

虎城镇原镇长杨代述说："他再也不会离开这片土地了。"

在开展保持共产党员先进性活动的会议上，邓平寿曾说："我出生在虎城镇上丰村一个普通农民家庭，作为一个党员干部我始终认为，做什么事都要贴近群众的心，把准群众的脉，做好群众想办的事。现在虎城的村公路硬化才达到70%，只有80%的农户吃上了自来水、安装上了加密电视，我的目标就是要让这一切都变成100%。"

为官一任，要像爱母亲一样爱那片土地和人民。

方红霄，你的名字是一盏灯。

——昆明市草甸乡迎丰小学学生

高原雄鹰
——方红霄

　　1998年7月9日，云南省昆明市草甸乡迎丰小学收到了两万元的捐款，这笔捐款是武警战士方红霄被授予"人民卫士"称号后获得的所有奖金。当校长韩朝文接过这两万元钱时，他激动地说："这两万元钱是用忠诚和血汗换来的，是人民子弟兵一颗炽热的心啊。"

第一次上岗执勤就擒获一名持枪歹徒

1990年，20岁的方红霄入伍来到了武警昆明支队。新兵训练结束后，他以7项科目全优的成绩被挑选到警卫大队。一个偶然的机会，方红霄随部队参观了昆明市强制戒毒所，吸毒者痛不欲生的场景深深地震撼了他，方红霄立即申请到缉毒第一线去。

方红霄回忆道："当时调到火车站的时候，我是当炊事员。晚上6点，大家吃完饭，我把碗收拾干净以后，7点钟就跟他们去学怎么检查执勤。后来他们就

■　方红霄（左二）在认真参加学院的军事训练。

教我，一要看，二要听，三要闻，四要摸。"没有人会想到，这名炊事员第一次上岗执勤就擒获了一名持枪歹徒。

当时方红霄和战友正在云南火车站"三品"检查站执勤，一个卷发的男青年忽然拔出了腰间的手枪对准了他。

方红霄后来回忆说："当时我一看到枪，紧张得都蒙了，就在那一刹那，我想今天肯定是要死了，我就往旁边侧步一摆，一下抓住他的手腕把他的枪夺下来，后来发现枪里面有8发子弹。"

这是方红霄在昆明火车站执勤时的第一次抓捕。也就在这一天，他从报纸上看到迎丰小学的两名学生因为家庭贫困再次辍学，背着书包去放牛。他决定从自己的工资中每年拿出一些钱来帮助他们，直到他们完成学业。

脚踩铁钉追捕逃犯

云南省紧邻世界上最大的毒品集散地"金三角"。上个世纪80年代末，一些国际犯罪团伙企图利用云南特殊的地理位置在中国大陆打开一条毒品走私的"黄金通道"。

1994年4月23日11点，乘坐昆明开往广州列车的旅客即将检票进站。熙熙攘攘的人群中，一高一矮两名青年男子大摇大摆地向检票口走来。正当方红霄准备检查时，小个子青年突然"刷"地抽出腰间的长刀，从背后向他砍来，而就在他被袭击的一瞬间，他已触摸到大个子青年的腋下藏有毒品。

方红霄往下一蹲，手挡了上去，他的小手指头一下子被刀砍断了。两个毒贩子转头就往火车站的进站口外面跑，方红霄不顾疼痛大喊："快追！有毒品！"

趁着混乱，两名犯罪嫌疑人夺路而逃。让他们没有想到的是，不

■ 方红霄资助的贫困孩子。

■ 方红霄和他资助的贫困孩子。

管如何狂奔,被砍伤的武警如同影子一样始终紧随在他们身后。十多分钟后,小个子被追得几乎绝望了。

方红霄回忆道:"小个子被逼到隧道里边,我们就把他抵在墙边上,这时候那家伙就说不打了,同时又用刀把自己的手指头割出了血,我以为他要自杀,就喊了一句'上!'"

小个子被擒获的时候,大个子已经爬到了一座工地的二层工棚上,方红霄随即跃了上去。搏斗中,大个子跳下了工棚,随后跳下的方红霄左脚落在一块施工废弃的木板上。

方红霄一跳下去就感觉不对,一颗钉子扎到了他的皮鞋上,另一颗钉子把他的脚底扎透了,可他依旧继续追,但还没跑出五六步,皮鞋就打滑了,因为里面有血。看到歹徒逃窜的身影,方红霄用力将脚内的钉子猛然拔出,抓起一把土撒在脚背上,一瘸一拐地向前追去。走投无路的歹徒跳进了路边的一个鱼塘,方红霄随即跃入水中,冰凉的水浸进伤口,疼得他两眼发黑。

经过一番搏斗,方红霄一把按住了歹徒的脖子,此时双方都已经打得精疲力尽了,方红霄硬是把歹徒拖上了岸。

这次追捕战斗持续了近一个小时,从两名犯罪嫌疑人身上共缴获海洛因1800多克。

方红霄说:"抵抗力好一点的人,吸10克左右,基本上就上瘾了;抵抗力不好的人,吸五六克就能上瘾,1800克毒品足以让100多人上瘾,那就会毁掉100多个家庭。"

两天后,方红霄的左脚伤口开始发炎溃烂,接着是连续几天持续不退的40度高烧,战友们把倔强的方红霄架进了医院。

"方红霄,你的名字是一盏灯"

从1993年起,方红霄在昆明火车站担负"三品"检查勤务的7年间,先后查获海洛因、鸦片等毒品45.3千克,各类枪支41支,子弹2172发,黄色制品957件,管制刀具3万多把,使1919名犯罪嫌疑人落网。

在方红霄和战友们的共同努力下,昆明火车站成了各类犯罪分子的"终点站",而毒贩们苦心打造的"黄金通道"也最终成了一条有去无回的不归路。

■ 广大小学生积极参与"远离毒品,从孩子抓起"的签名、绘画、演讲等系列禁毒宣传活动。

17

1998年,方红霄被中共云南省委、省政府授予"人民卫士"称号。一位香港记者写道:"在中国云南昆明,有一位犯罪分子的克星,名字叫方红霄。人人都知道他抓获了多少罪犯,获得了多少荣誉,可谁也无法说清,他究竟有多少次死里逃生。"

1999年4月15日,经昆明市教育局批准,草甸乡迎丰小学正式更名为卫士小学。六年级学生谢韵虹在一篇作文里写下了这样一段话:"方红霄,你的名字是一盏灯,那些黑色的影子,不敢靠近;你的名字是一盆火,所有需要温暖的人,都向你走来。"

"忠于党,热爱人民,报效国家,献身使命。"的确,方红霄就像一只雄鹰,在广阔的天空里展翅翱翔。翱翔的雄鹰,令广阔的天际分外壮美。

照顾藏族的老人们，就是给自己的母亲尽孝。

——孔繁森

忠孝赤子心
——孔繁森

  1988年秋天，44岁的孔繁森准备第二次进藏工作。在走之前他回到家乡向母亲告别。在他为母亲梳完头后，跪倒在母亲膝前，号啕大哭。孔繁森是聊城远近闻名的孝子，他不知道这一走，快90岁的老母亲还能不能等到他再回来。

19

化小爱为大爱

■ 孔繁森与收养的孤儿曲印（左）和贡桑合影。

1994年初，西藏阿里遭遇特大暴风雪。在海拔5 700米的曲仓乡，气温达到历史最低点，身染痢疾的孔繁森在受灾点连续工作了16个昼夜。2月26日这一夜，孔繁森呕吐不止、意识模糊。他悄悄给警卫员梁福兴留下遗书："万一我发生了不幸，千万不能让我母亲和妻子、孩子知道，请你每月以我的名义给我家写一封平安信……"

在西藏，他在摔跌中学会了骑马，在风餐露宿中习惯了吃牛羊肉，满满的一碗酥油茶，一饮而尽。他的工作手册上像记英语单词一样写着当地的语言：母亲叫阿妈。

领养孤儿，体恤藏民

1992年，四年的援藏期满，该回家了。但孔繁森服从了组织的安排，奔赴艰苦落后的阿里地区就任地委书记。

阿里是西藏高原最偏远的地区，平均海拔4 500米，被称为"世界屋脊的屋脊"。

■ 1992年夏，时任拉萨市副市长的孔繁森，在墨竹贡卡县指挥抗震救灾时，在废墟里救出了一个失去父母的孤儿，并领回家抚养。这是他在为孩子洗脸。

■ 孔繁森工作之余，在家里辅导他收养的孤儿学习文化。

孔繁森到阿里后两个月的时间里，带领工作组下乡，深入基层调查研究。全地区106个乡他到过98个，至少跑了两万多千米。阿里的很多牧民都认识他。

19岁的武警战士梁福兴，就是这个时候来到孔书记身边担任警卫员的。

孔繁森每次下乡，都带着一个小药箱，每次都自费把这个小药箱装得满满的。药箱伴随着他走村串户，为群众打针送药。他被藏族群众传颂为会看病的大本布啦（干部）。

孔繁森见不得老百姓受苦。在乡下，只要遇到困难人家，他总是习惯地掏掏口袋，有多少钱就全数送给他们。

在天寒地冻的季节，他看到老百姓穿得单薄，马上将毛衣毛裤脱下来。在墨竹贡卡地震灾区，一路上他的衣服几乎送完了，零下28摄氏度，他只穿着一件衬衣外加风衣，返回途中，司机开大暖气，他还是冷得直哆嗦。这几年，孔繁森究竟送给藏族同胞多少钱多少药多少衣物，没人能统计出来。

在阿里的一户帐篷里,孔繁森看到一位老人穿的鞋子破了,脚被冻得又红又肿,他把老人的脚放在自己的怀里,用体温去焐热老人冻僵的双脚,在场的人无不为之动容。

孔繁森说:"照顾藏族的老人们,就是给自己的母亲尽孝。"

1992年,西藏发生了地震,3个失去父母的孩子在倒塌的房屋前相拥而哭,孔繁森收养了他们,为他们洗澡、做饭、买衣服,辅导他们学习。年幼的孩子常在夜里尿床,他就不厌其烦地洗换床单,孩子们亲切地喊他爷爷。

领养了3个孤儿后,孔繁森经济上更加拮据。1993年,49岁的孔繁森先后3次以洛珠的名字献血900毫升,所得营养费900元都用于藏族孤儿的生活补贴和转学费用。

1994年2月27日,当初升的太阳照耀在雪域高原,昏迷了一夜的孔繁森从死亡线上又一次奇迹般地挺了过来。这是孔繁森在西藏工作10年中第三次从死亡线上挣扎出来。这场50年不遇的特大暴风雪,由于救灾及时,没有一个藏族群众因灾死亡,这在阿里的历史上也是个奇迹。

这年春节,多年没有回家过年的孔繁森前去慰问边防解放军,在严寒的冬夜和战士们一起唱起了《说句心里话》。

■ 孔繁森(右)在阿里日土县过巴乡为孤寡老人益西卓玛治病。

■ 孔繁森看望和慰问驻阿里的武警官兵。

■ 1990年9月，孔繁森在拉萨河畔与藏族群众在一起亲切交谈。

■ 孔繁森任岗巴县县委副书记时，经常深入基层搞调查研究。这是藏族农民向他敬青稞酒。

9个月后的一天，在山东老家，很长时间都神志不清的老母亲忽然对家人说："俺三儿回来了，快点香!"就在这天，孔繁森遭遇车祸，不幸遇难。

在整理孔繁森的遗物时，人们发现了三样东西：8块6毛钱、一个旧收音机和四张写有"关于阿里发展的12个亟待解决的问题"的稿纸。这就是他的全部遗产。

拉萨的群众说，西藏和平解放40多年来，逝世后最让人难过的有两个人，一个是班禅大师，另一个就是孔繁森。

孔繁森撒向世界屋脊的爱，依然温暖着那片高原。

■ 孔繁森早年在医院当过兵，粗通医术。他每次下乡都携带着小药箱，随时随地为藏族牧民治病。

■ 1994年11月29日，孔繁森在去新疆塔城考察边贸途中，因车祸以身殉职，终年50岁。这是西藏阿里地区各界群众举行追悼会，人们怀着沉重的心情悼念党的好干部孔繁森同志。

■ 1994年12月15日，西藏各界群众纷纷来到拉萨烈士陵园，悼念因公殉职的原阿里地委书记孔繁森。

我家住在银盘坡，心里有话好想说，天天出门为人民，家里只有妻一个。

——王顺友

邮路就是我的家
——王顺友

四川省凉山彝族自治州木里藏族自治县平均海拔3 100多米，境内海拔4 000多米的大山就有100多座。这里乡与乡之间相隔遥远且不通公路，由于自然环境的恶劣，这里至今还保留着一种古老的邮递方式：马班邮路。全县15条

25

马班邮路总长度达3 354千米，乡邮员王顺友负责其中最长的一条，往返一趟要走14天。

"心里有话好想说"

藏历春节，四川木里藏族自治县的藏族同胞相约在一起欢庆节日，他们喝着青稞酒，围拢在篝火旁跳起他们心爱的锅庄。在他们身后海拔4000多米的察尔瓦雪山上，一位孤独的汉子也点燃了一支火把，唱起了自己编的山歌：

■ 邮路上的王顺友。

"我家住在银盘坡，心里有话好想说，天天出门为人民，家里只有妻一个。"

唱歌的人叫王顺友，是木里县邮政局的马班邮递员。10天前他离开家，徒步300多千米，把信件和包裹在春节前送到群众手中，再有几天他就能到家了。

木里县位于四川省西南部，紧邻青藏高原，这里群山环抱，平均每平方千米只有九个半人。全县29个乡镇有28个不通公路，不通电话，马驮人送的马班邮路是当地与外界保持联系的唯一途径。19岁那年，王顺友从父亲手上接过了这条邮路。

王顺友说："当时我非常高兴，找到了一份工作，但是后来自己单独走了一段时间，就产生了打退堂鼓的想法。"

王顺友走的是所有邮路中最长的一条，往返360千米，走一趟要14天，一个月要往返两趟。这条邮路既要翻越海拔4000多米的察尔瓦山,又要跨过雅砻江河谷地带,还要越过野兽出没的原始森林。

在这条路上险情随时都可能发生,木里县邮政局局长毛健鸿讲过这样一个故事:有一天,他们一帮人过察尔瓦山的时候,发现远处雪地上有一个人,站在那里望着他们,老远地看着像是在冲着他们笑。结果走近了才发现,那个人已经在雪地里冻死了。

"我眼睁睁地看着那吊桥翻了下去"

让王顺友最终坚持下来的,是这条邮路传达给他的一种神圣。

王顺友说:"听到我的马铃声,乡亲们就把我当做是给他们送年货去的,非常高兴。跟乡亲们接触的时间多了,相互间建立了浓厚的感情,我离不开乡亲们,乡亲们也离不开我。"

2005年,正在山路上走着的王顺友远远地看到一个马帮正准备过一个横跨雅砻江的吊桥,终于可以搭个伴了,他拽了一下缰绳,快步赶了过去。

毛健鸿说:"雅砻江很宽,上面只有一座吊桥,从那座吊桥上走过去的时候晃悠悠的。"

走到离桥有二三十米远的地方,王顺友的马突然就不走了,怎

■ 王顺友在清点信件。

■ 王顺友(左)在家中帮妻子生火做饭。

么拉它都不走。

这时,吊桥发出一种奇怪的声音,紧接着吊桥的绳索断裂,桥身向一侧翻了过去。这一切让王顺友目瞪口呆。直到现在回忆起来,王顺友还心有余悸,他说:"我眼睁睁地看着那吊桥翻了下去,九匹马和一个人掉了下去。我吓出了一身冷汗,幸好我的马救了我的命,如果我跟上他们一起走,那我们就一起掉进河里淹死了。"

在漫漫邮路上,在长达二十多年的邮政生涯中,王顺友不知换了多少匹马。他对每一匹马都有特殊的感情,他经常说:"我对马的感情太深了,因为我随时随地在大山里睡觉,只听到马铃声、水声、风声、狼叫声,只有我的马陪伴着我,我觉得它真是我的好伙伴,是我的好战友。"

"马惊了,就踢了他一脚,把他的肠子给踢破了"

一条马班邮路,王顺友走得惊心动魄、险象环生。邮路上最险的一段叫九十九道拐,其实是在直上直下的悬崖峭壁上凿出的拐连拐、弯连弯的羊肠小道。

毛健鸿说:"下面就是水流湍急的雅砻江,上面就是一道险坡,总共有九十九道拐,走这个路,前面的马拉的屎能直接掉在后面走的人头上,路非常陡。"

1995年的一天,王顺友牵着一匹名叫金龙的马小心翼翼地走在九十九道拐上。突然,一只鸟飞了起来,敏感的马一下子受了惊吓。

毛健鸿说:"马惊了,就踢了他一脚,正好踢在他肚子上,把他的肠子给踢破了。"

王顺友痛得躺在地上，知道闯了祸的马静静地站在一旁，眼里充满了愧疚。一年有330多天是马陪伴着王顺友，马是他最亲密的伙伴，他懂马，马也懂他。

心爱的马把王顺友踢伤了，但王顺友还是捂着肚子硬撑着站起来，拍拍马背，轻轻说了声："走。"

毛健鸿说："他坚持走到了倮波乡把邮件送完，在送完之后转回来的路上不知道是走到哪一段，他实在受不了了。"

支撑不下去的王顺友不得不趴在马背上，这是二十多年来他第一次让马驮着他。

九天后，老乡们发现了趴在马背上的王顺友，赶紧将他送到医院。

动手术的时候发现他的肠子已经化脓了，没办法，医生把他那一段肠子给切掉了。

手术持续了4个小时，医生说再晚来两小时，王顺友连命都保不住

■　妻子韩萨帮助王顺友从邮局背回沉重的邮件包裹。

了。知道消息的乡亲们从大老远来到医院看望这位勇敢的信使。

看到远道而来的乡亲们，王顺友不知说什么好，他说："他们流泪了，我也流泪了。我想，人都是一样的，人的心不是铁打的，都是肉长的。他们都流着泪过来说我太累了，但我觉得值得。"

经过这次生死磨难，王顺友的背驼了，腰也弯了，看起来像四五十岁的人。实际上那年王顺友刚刚30岁。

人们计算了 24 年来王顺友的行程，相当于绕地球 7 圈。在这期间他没有延误过一次班期，没有丢失过一份邮件，投递准确率高达 100%。

"我独自走在邮路上，邮路就是我的一个家"

终于回到家了，每个月只有在相聚的两三天时间里，妻子韩萨可以亲手给王顺友烤热乎乎的山芋。24 年中，王顺友在家的日子不足三年，剩下的日子，他们夫妻一个不停地走，一个不住地牵挂。

在王顺友从父亲手上接过马班邮路的那一年，苗族姑娘韩萨成了王顺友的妻子。不久，一儿一女相继出生，而王顺友对孩子、对这个家都没时间照顾，家庭的重担全部落在韩萨一个人的肩上。妻子理解他、支持他、担心他，她说："他一个人出门，又有病，我害怕他的病发作。他每天走的都是高山峻岭，特别是到了冬天，天冷地滑，他又喜欢喝酒，我特别担心他摔倒。他十多天出去不见回来，我就很心焦。"质朴的语言表达着一个妻子对丈夫深深的牵挂。还没来得及说够心里话，王顺友又要上路了。韩萨默默地跟在丈夫的身后，帮他收拾行囊，目送他走出家门。望着丈夫的背影，她又说出每次送行时必说的话："酒少喝一点，饭多吃一点。"

走在山上，王顺友不时地向山下看看，顺着他的视线，是家的方向。那里有等待他回来的妻子和儿女。

王顺友说他有三个家，一个是父母的家，一个是妻子儿女的家，而他最看重的是第三个家："我独自走在邮路上，邮路就是我的一个家。"

时间过早地在王顺友脸上刻上痕迹，24 年的孤独邮路让他的身躯不再挺拔，唯一不变的是邮路上那不停的脚步。山间传来熟悉的马铃声，悠扬的山歌中，一个人，一匹马，在路上……

"对面的山坡马铃响，绿衣使者送信来……"

坚守住心中那一份执著，再孤单的路也不觉寂寞。

正不怕邪，只要我们是正义的，没有弄虚作假，我们就不怕。

——王瑛

巴山红叶
——王瑛

在王瑛生前自己设计的一方小小的名片上,我们看到了烂漫如霞的巴山红叶,红叶之间,是一行娟秀的小字——中共南江县委常委、纪委书记王瑛。

"我这一生没有辉煌过，但这次我荡气回肠了一回"

南江县位于四川东北边缘，是革命老区、边远山区、全国扶贫开发工作重点县。南江古时名为难江，取"江水难涉"之意。这里奇峰秀水，风景如画，却又因崇山峻岭的阻隔而交通不畅，给南江人的生活带来诸多不便，但同时也赋予了南江人淳朴、乐观、宽厚的天性。出生于四川省阿坝州小金县的王瑛在南江工作生活了11年，自从1997年王瑛踏上南江的土地，她就把这里当成了自己的

■ 王瑛（左）在四川省南江县杨坝镇尖山村与群众座谈，商讨致富之策。

家，也把自己的一切都毫无保留地献给了这片山、这片水，献给了她深深热爱的人民。

初识王瑛的人，说起她都会脱口而出"她很爱漂亮，气质很好"。爱漂亮的王瑛

很难让人联想到纪委书记这样一个铁面无私的职务,但正是这样一个爱漂亮的女儿家,却办了一件轰轰烈烈的大案子。

2003年3月24日,南江发生了一件震动全县的大事,一名在"扫黄"中被拘留的年轻女子在县公安局某派出所留置室上吊自杀。一个月后,一封举报信转到县纪委,举报派出所某民警在办案中玩忽职守致人死亡却逍遥法外。

当时任县纪委书记刚满一年的王瑛被推上了风口浪尖。"既然老百姓有反映,那么我们就要查个水落石出。"她毫不犹豫。

事情很快现出端倪,这竟是一起涉及多个部门、背景复杂且连带县公安局个别领导有意制造伪证、隐瞒真相的重大案件。

王瑛的压力是人们无法想象的。

"敢查这个案子,你不想活了!"一时间,县纪委八面临风,指责、谩骂乃至威胁接踵而来。在一次向县委常委汇报案情的会议上,一位领导当面指责她不该查这件案子。王瑛再也无法沉默,拍案而起:"正不怕邪,只要我们是正义的,没有弄虚作假,我们就不怕,这个案子一定要一查到底,还死者一个清白。"

案情的"水落石出"是对逝者最好的安慰,也是对女孩年迈的父母最大的慰藉。

那些日子,王瑛和她的战友们一道,如同百米冲刺,日夜奋战,曾连续五天五夜没有睡觉,吃住在办公室,与主要涉案人员反复谈话,掌握了大量第一手材料。

真相终于浮出水面:死者晓梅,在一次警方开展的"扫黄打非"活动中被拘留,而本应看守她的民警却因接受他人吃请,将她一个人留在留置室,从而让晓梅利用这个机会上吊自杀。而在警方后来的调查中,没有证据证明晓梅从事卖淫活动。案发后,县公安局个别领导隐瞒了当事民警擅离职守的事实,并指示下属作了出警的假证。

最终,十多名涉案人员全部受到法律的制裁和党纪政纪处分。

案件结案当晚,王瑛默默地给每一位工作人员斟了一杯酒,她说:"我这

一生没有辉煌过,但这次我荡气回肠了一回。"说完一饮而尽。

情系"背二哥"

南江是个山城,运输不便。很多农民来到城里,靠背背篓帮人运货谋生,当地人称他们为"背二哥"。他们白天背着背篓走街串巷,晚上只能露宿街头。

55岁、做了十多年"背二哥"的廖庆和一直忘不了2004年冬天的一个晚上。那天晚上,累了一天的他像往常一样把头钻进竹篓,蜷缩着身子,下身盖了一条破棉絮,睡在县城红星桥旁的马路边上。蒙眬中,他感觉有人把棉絮轻轻地往上拉了拉,睁眼望去,是一个戴眼镜的女子。他想也许是个过路的好心人吧,于是也没说什么,又闭眼睡去。没有想到一年以后,廖庆和参加县工会组织的农民工培训时竟意外地看到了那个女子,她微笑着走过来给他倒了一杯水。他问旁边的人,这女子是不是工会的服务员。

人家告诉他,那是县纪委的王书记,也是县工会的主席。他一时惊得说不出话来。

王瑛看到"背二哥"辛酸的生活状况,向县里提议要解决他们的住宿问题。在王瑛的努力下,南江县迅速建设

■ 王瑛生活照。

■　2007 年 9 月，王瑛（左）拖着重病的身体，冒雨在关路乡柏垭村查看暴雨灾情。

了五个"背二哥"宾馆。在这里住宿一晚只要5毛钱，"背二哥"们终于有了温暖的家。

在街头，"背二哥"廖庆和唱起在"背二哥"中流传的一首歌，苍凉高亢的音调透着重生的喜悦："农民工进城务工，没有人来把我们照管，纪委书记亲自把我们来照管，她嘘寒又问暖，她亲手给我们盖被单……"

在"背二哥"韩佳峻的记忆里，那个陪他们吃年夜饭的王大姐已经因为身患癌症变得很虚弱，但是王大姐还是会给他们夹菜，对他们嘘寒问暖。

红叶最后的灿烂

王瑛2006年7月被查出患有癌症，在病情确诊后的两年里，除去十多次化疗的时间外，她一直坚守在工作岗位上。

2008年5月12日,四川汶川发生特大地震,正在接受化疗的王瑛立刻投入到抗震救灾中去。在群众倒塌的房屋前有王瑛,在水库危在旦夕的抗洪现场有王瑛,在抗震物资的监察一线有王瑛……

医生断言,她的生命最多还有半年,但王瑛依然把最后的温暖带给人们。在她的包里始终放着三样东西:止痛药、化妆品和口香糖。每当疼痛难忍时,王瑛就会悄悄地服上几粒止痛药;每当要剧烈咳嗽时,她就反复咀嚼口香糖借此来屏住呼吸;每当气色不好时,她又总是躲在角落里迅速地涂上胭脂,抹上口红。王瑛始终在外人面前努力保持着纪委书记端庄干练的形象以及昂扬向上的精神面貌。

面对几十年聚少离多的家,王瑛充满了歉疚。她为患有癌症的母亲拆洗了四季的被褥,为她深爱的丈夫整理了四季的衣服,为放暑假回来的儿子准备了冬天的棉拖鞋,她想用最后的时光尽一个女儿、一个妻子、一个母亲的责任。

王瑛的好友曹曦文至今忘不了王瑛最后一次离开家的场景——她很艰难地举举手,帮妈妈捋了捋头发,深情地说:"妈妈,今天我真的不想走,你为了我太辛苦了,今后你要照顾好自己。"这就是她留给妈妈的最后一句话。下楼梯的时候,张勇要去背她,她执意不肯,用手拍拍张勇做过手术的手臂,一句话没说,只是静静地流泪。上车前,她还问同事:"现在抗震救灾物资监察情况怎么样?"这句话成了她留给同事的最后一句话。

2008年11月27日,带着对生活和工作的无限眷恋,王瑛走了。

王瑛,她的一生就像一片灿烂的红叶。红叶的美,燃烧着奉献者的深爱。

我最高兴的事是为困难孩子捐钱。

——白芳礼

三轮车上的希望工程
——白芳礼

　　一位老人，从74岁到93岁，靠蹬三轮车资助300多个贫困孩子实现了上学的梦想。但是很多受到资助的学生并不知道他的名字。这位老人，就是白芳礼。

童年的梦想

校园,对于白芳礼有着特别的意义,那里承载着一个他童年时无法实现的梦想。白芳礼出生在河北省沧县白贾村,在那个贫瘠的年代,读书只能成为一种奢望。

白芳礼的女儿白金凤说:"我父亲在上世纪40年代的时候,逃难来到了天津,后来做了一名卖苦力的三轮车夫。"

从那时起,这辆三轮车就再也没有停下。解放后,靠着蹬车,他把自己的三个孩子抚养成人。因为服务周到热情,他几次被评为劳动模范。退休后,白芳礼回老家准备安享晚年,但当他看到家乡的孩子没钱交学费的时候,老人又做出

■ 白芳礼老人在蹬车间歇打盹儿。

■ 汗流满面的白芳礼。

了一个新的决定。

他要回来继续蹬三轮车，把挣的钱都捐给孩子们上学。他还把仅有的5000元存款捐了出去。

无论刮风下雨，还是酷暑严冬，白芳礼从没休息过。他只是盼望，每天能"多拉一趟活，多挣一块钱"。

白金凤心疼地说："我父亲几乎到了那种不要命的地步，夏天路面温度高达50多摄氏度，他晕倒在三轮车上。冬天，天冷路滑，他不小心摔到了沟里。他多次感冒发烧，一边吃着退烧药，一边蹬车。我们都不让他去，但他说出点汗就好了。那些虚脱的汗水啊，湿透了整个衣服。"

享福理论

在病房中采访白芳礼的记者问："那您每天都吃什么啊？"

白芳礼平静地回答："我吃什么啊，我嘛东西都吃。嘛东西省钱、节约，吃嘛。"

吃剩饭，穿旧衣，只要能省钱，他都不在乎。每天吃完晚饭，白芳礼就拿出那个小木盒，一元一元、一角一角，展平、码好。这个小木盒里，储存着许多孩子上学的梦想。

白金凤含着泪水说："我父亲曾经说过，他也知道享受，可他不舍得去花钱。蹬一次车，赚个十块二十块的，是挺不容易的，但还得干，孩子们还等着钱念书呢，他心里天天都惦记着他资助的几百个学生。"就这样，天津大学、南开大学、天津师范大学、红光中学……被资助的孩子越来越多。每月去学校捐钱，白芳礼总是乐得合不拢嘴。

有记者问道："那您觉得您现在这样做是在享福吗？"

白芳礼说："是在享福。为什么这么说呢？因为我做了我愿意做的事情，这就叫享福。"这就是白芳礼老人的享福理论。

■ 白芳礼老人资助过的贫困学生的大学校徽。

泥土的无悔付出

曾经有人计算过，如果按每蹬1000米三轮车收5角钱来计算的话，白芳礼18年捐献的35万元，相当于蹬车绕地球整整18圈。年近90高龄的白芳礼蹬不动车了，他守着自行车摊，继续挣钱供孩子们读书。

白芳礼的儿子白国富说："他每天就是一毛、两毛、五毛这样赚下来，然后把这些钱放在小木盒里。等到攒了三个月时，将近有500块钱。有一天，下着雪，他去了耀华中学，把500块钱捐给了学校。"

天津耀华中学教师徐启明感动地说："那年冬天，在一个风雪交加的早晨，九点多钟，同事说有人找我。我到办公室一看，是白爷爷来了，他的胡子眉毛上全是霜。我说这天您来干什么啊。他说他惦记着学生，给学生送钱来了。我当时特别感动。白爷爷解开厚厚的棉袄，掏了半天掏出一卷钱来，打开一看，全是零钱，一块十块的，连毛票都有。他双手把钱递过来说，这是给孩子的。"

■ 爱心助学老人白芳礼无私奉献纪念碑在天津落成，一位市民向白芳礼铜像献花。

■　白芳礼老人资助过的学生。

白芳礼资助过的学生马壮说："白爷爷每次来我们学校，都没有事前通知我们，只是自己悄悄地骑着三轮车，带着钱来到我们这里。"

在病房里记者问道："您捐助了多少学生您还记得吗？"

白芳礼答："不记得了。"

记者问："没钱的学生拿了您的钱上学了，以后毕业了，成才了，您高兴吗？"

白芳礼答："高兴，高兴极了。"

记者问："那您现在要是病好了，能动了，还去蹬三轮车吗？"

白芳礼坚定地回答："好了还得蹬！"

2005年9月23日，白芳礼老人与世长辞，享年93岁。

桃李的芬芳离不开无言的泥土，而白芳礼老人就是那伟大无私的泥土！

他这个人承诺别人的事情就一定会做到，要不然，他不会给你承诺。

——邢丹

183 个山区孩子的爸爸
——丛飞

2005 年 5 月 23 日，躺在病榻上的丛飞用微弱的声音对他的孩子们说："爸爸不能亲自来看你们了，爸爸很想念你们……你们要好好地读书。"这是孩子们听到的爸爸最后的声音，但丛飞再也听不到孩子们对他的呼唤了。2006 年 4 月 20 日，病魔夺走了丛飞年轻的生命。

一场慈善义演改变了他的人生

　　丛飞，原名张崇，1969 年 10 月生于辽宁省的一个贫困家庭，1992 年毕业于沈阳音乐学院。1994 年丛飞来到深圳，凭着出色的艺术才华，他很快成为一名深受观众喜爱的知名歌星。

■　丛飞生前和他资助的孩子们在一起。

就在丛飞的歌唱事业蒸蒸日上的时候，一场慈善义演改变了他的人生。1994年，丛飞参加在四川成都举行的失学儿童重返校园义演，他当场捐出了身上全部现金2400元。当丛飞知道这2400元可以使20个贫困小学生完成两年的学业时，他体会到了一种从未有过的快乐。从那一刻起，他决定尽自己的最大努力来改变更多穷孩子的命运。

晏语轻轻，从小被父亲抛弃，母亲又不在身边，她跟着生病的阿姨生活，2001年开始，丛飞承担了她的学费和生活费。每次丛飞来，晏语轻轻都会跑到村头等他。

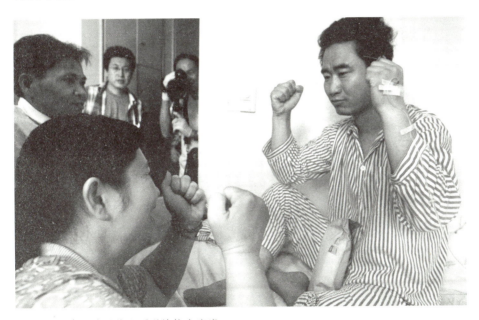

■　在医院里丛飞顽强地抗击病魔。

朱丽，家境贫寒，由于长期营养不良，个子长得特别矮小。每次去看望朱丽，丛飞都会资助她多一点。

在长达11年的时间里，丛飞资助了183名贵州、湖南等省的贫困儿童，累计捐款捐物达300多万元。

坚持到最后

■ 丛飞与受助儿童在一起。

作为一位知名的歌手,丛飞商业演出频繁,生活本可以过得很富足,但他自己却一直过着清贫的生活。

丛飞的家里没有任何值钱的家当,唯一有些档次的就是那套白色的演出服,就连家中的保险柜里装的也是山区孩子们寄来的信。为了给山区孩子们交学费,丛飞甚至背上了17万元的债务。

丛飞对山区孩子的这种付出,有时候连妻子都无法理解。

丛飞的妻子邢丹说:"他捐得太多了,我想要他减少一些,他就跟我说那不可能,我说那我们怎么吃,怎么喝,怎么过生活? 我跟他说,跟他吵,他不理我。"

摄影师刘家增说:"丛飞资助山区孩子,我是后来才知道的。当我知道以后,曾经问过丛飞,你自己没有单位,又没有固定收入,又不是深圳人,你养得起这些孩子吗? 他说他靠演出。我就想,丛飞呀丛飞,我看你能够坚持多久。"

丛飞这种无私奉献的精神,让身边的很多人都无法理解,甚至还有人质疑他在"作秀"。

2004年7月,丛飞带上邢丹和几位好友一起去贵州贫困山区为孩子们送学费。

"山区的那些孩子一看丛飞就喊爸爸你来了,爸爸你来了！马上围着他,那时候让我们突然感觉到我们跟丛飞之间的差距,一下子好像我们是局外人了。"摄影师刘家增回忆说。

当邢丹看到山区那令人难以想象的贫困时,她的心震颤了。

通过这次贵州之行,对于丛飞多年的坚持,邢丹终于彻底理解了:"他这个人承诺别人的事情就一定会做到,要不然,他不会给你承诺。他也知道,资助那么多孩子已经超出他的能力范围了,但是他必须往前走,他不可能把所有的孩子都扔掉。"

生命和爱的传递

由于长期超负荷的工作,丛飞患上了严重的胃病,但他一直没有去治疗。2005年5月,丛飞被诊断为胃癌晚期,病中的他仍牵挂着那些无法上学的孩子们。

即使在治疗期间,丛飞也一直以惊人的毅力顽强地与病魔进行抗争,始终保持着乐观向上的人生态度。但是,在坚强的意志背后,丛飞的内心其实是非常痛苦的。

他牵挂着还在襁褓中的小女儿邢小丛飞。这是丛飞用妻子的姓

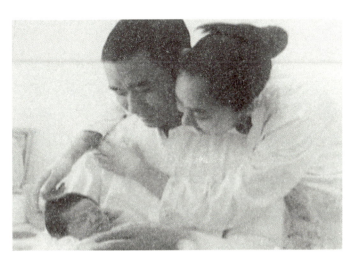

■ 丛飞与妻子、女儿。

和自己的名给小女儿取的名字。在患病期间,他为小女儿做了一本厚厚的相册,在相册的第一页,写下了他对女儿的嘱托。

"这个相册是爸爸病情最重的时候给你留作纪念的! 希望你好好珍存,在想爸爸的时候拿出来看一看,因为爸爸不能,不能看着你长大了,宝贝! 乖女儿! ! !"

丛飞离开人世有5年了,如今再次翻看丛飞的相册时,邢丹的内心已经平静很多了。她说:"丛飞从不希望我是一个可怜的人,他希望别人见到我的时候,我是一个很阳光的、很积极向上、对生活充满希望的人。"

丛飞走后,中国教育发展基金会主动接过丛飞的爱心接力棒,资助丛飞曾经资助过的100多名山区孩子。如今在这些孩子当中,有的已经考上了大学。

他的歌声点亮了希望,他短暂的生命给人们留下爱的火炬。

当时我要是为 5 个亲人的安葬耽误一天，那被埋的 97 个农民可能会死，那我就失职了。

——达吾提·阿西木

废墟中挺起的脊梁
——达吾提·阿西木

新疆巴楚县琼库尔恰克乡，一处充满新疆民族特色的院落，绿树成荫，安静祥和。这里，就是村支部书记达吾提·阿西木的家。

突如其来的大灾难

达吾提·阿西木家的客厅里，挂着 4 幅装裱精美的照片。照片中的他，一脸平静。很难看出，在他的人生经历中发生过怎样的巨变。

出事的那天早晨，达吾提·阿西木给妻子和孙子准备好早餐以后，就向村委会赶去。当他走出家门不到百米，一阵闷雷般的响声突然袭来，大地在发生短促而沉闷的轰响之后猛然震颤起来。

那一天，新疆喀什地区发生里氏6.8级强烈地震。琼库尔恰克乡正处于震中位置，几乎所有的居民房屋顷刻间被夷为平地。

巴楚县琼库尔恰克乡乡长艾买提·吐拉洪回忆说，地震后，整个琼库尔恰克乡农民的房子没有一处是好的。最严重的是五村，吐格曼贝希村，农户的房子基本上都塌了。

从惊恐中清醒过来的达吾提·阿西木立即往回跑，却发现自己家的大院和

■　达吾提·阿西木在帮助群众建抗震安居房。

房屋成了平地,家人都被埋在了废墟之下。他立刻趴下身子,用尽全力刨挖着残砖断瓦。老伴、儿子、儿媳、孙子陆续被找到,然而,他们却永远地离开了他。

提到那段惨痛的经历,达吾提·阿西木仍然心有余悸:"当时我的老伴,我的大儿子,两个儿媳妇,一个孙子,这5个人全都在废墟底下死了。救他们是万分的痛苦,我把他们的尸体搬到一起,用自己的衣服盖在他们的脸上,心里很酸。"

失去家园,失去财产,失去亲人,整个村子陷入一片悲痛和慌乱之中。全村遇难群众达到29人,其中5人是达吾提·阿西木的亲人。

达吾提·阿西木说:"当时我要是为5个亲人的安葬耽误一天,那被埋的97个农民可能会死,那我就失职了。"

家园挥泪别亲人,废墟搜救显本色

来不及多看几眼遇难的亲人,作为村党支部书记的达吾提·阿西木,离别幸存的老母亲让别人照料,立刻召集起村干部和党员、民兵,在断壁残垣之间,挨家挨户搜寻着生命的迹象。

村民阿吾提·阿布拉回忆道:"当时我为了参加村民大会,正准备出门,刚开始穿鞋的时候突然感觉天地摇晃。地震后,我被埋在了废墟下,当时就昏了过去,啥也不知道了。后来我再睁开眼睛,看到达吾提书记和十几个党员、民兵把我从废墟底下救了出来。"

对于母亲,达吾提·阿西木至今仍然心存愧疚:"当时我回来后母亲非常生气,说你家里已经死了5个人,你媳妇和你过了24年,帮你照顾孩子,你还不管他们的安葬,还在外面乱跑。当时她就扑过来打算打我,我就对母亲说,妈妈,对不起,全村的情况非常糟糕,我一出门就没法回来。今天我不知道该怎么办,村民们都受灾了。亲属们也来安慰母亲。就这样,母亲一个星期没和我说话。"

重建家园

灾情牵动着中南海和全国各地。短短几天之内,救援部队纷纷赶来,大批物资源源不断地运到灾民手中。3月29日,国务院总理温家宝亲临灾区视察,专程看望了达吾提·阿西木。

温家宝总理安慰达吾提·阿西木说:"这场地震很大,但是震不倒共产党员和干部的意志。地震震垮了房屋,但是压不倒我们干部党员的脊梁。全村的乡亲

■ 达吾提·阿西木(左)在了解村民受灾以及民房重建情况。

都是你的亲人,我也是。你记着,北京有个总理,也是你的亲人!"

听到总理的话,这位坚强的新疆汉子再也忍不住自己的眼泪:"听到这些话我哭了。为什么呢? 作为一位国家领导人,他来到我们家对我说,不要有太多的顾虑,北京有个总理是你的亲人。从今以后我们琼库尔恰克乡,我们巴楚县会进一步发展起来。"

怀着对逝去亲人的思念,达吾提·阿西木带领乡亲们开始了灾区重建工作。为了让失去家园的乡亲们能够尽快住上舒适的房子,达吾提·阿西木费尽了心思。一块砖头、一根木料,他都要亲自过问。

■ 达吾提·阿西木（右一）带领农民清理河沟淤泥，为春耕做准备。

村民玉素甫·牙生说："地震发生后我们无家可归，在党和政府的关怀下，达吾提·阿西木带领我们在不到6个月的时间里，全村修建了抗震房，大家都搬迁到了新家。"

达吾提·阿西木又带领村民全力恢复生产。他家的拖拉机成了乡亲们的共有财产，全村8平方千米的土地都留下了这台拖拉机的车辙。为了尽快把养牛场建起来，达吾提·阿西木毫不犹豫地拿出自己的钱购买材料，一座养牛场终于建立起来了。通过一年多的努力，吐格曼贝希村成为全乡第一个养牛专业村。在乡亲们心中，达吾提就是重建家园的脊梁。

同总理合影

2004年，达吾提·阿西木专程到北京向温家宝总理汇报了灾区重建后的新面貌。总理送给他一本亲笔签名的笔记本，并和他合影留念。

2008年，四川地震发生后，达吾提·阿西木专程从喀什赶到乌鲁木齐，通过赈灾晚会现场向灾区捐款600元，同时决定将自己一年的工资17 000元捐献给灾区。他深情地说："我们56个民族就是一个大家庭。当年地震的时候，

53

四川人民对我们伸出了援助之手，现在我们也要尽自己所能帮助他们。"

当奥运圣火传递到新疆喀什的时候，达吾提·阿西木成为最后一棒火炬手。点燃圣火盆，达吾提·阿西木说出了珍藏在心里的话："成为最后一棒火炬手是我的荣耀，也是我们村的荣耀。"

在达吾提·阿西木和乡亲们的努力下，吐格曼贝希村恢复了正常的生活。新建筑环抱的地震纪念碑，提醒着人们不要忘记地震中的逝者，也激励着生者勇敢地生活下去。

是的，人间真情，凝聚起五十六个民族。

在可怕的疾病与死亡中，我看到了人性神圣英勇的升华。

——南丁格尔

新时代的"提灯使者"
——叶欣

　　2003年春节刚过，在这本应喜庆的日子里，一场不明病因的非典型性肺炎在全国暴发。飞沫传染、空气传染、高致死率，没有人知道这是一种什么病。如同恶魔到来，突如其来的疫情造成了全国的恐慌。

"这里危险，让我来！"

在非典早期，每救治一个危重病人，就有四到五名医护人员倒下。虽然已经时隔多年，但是直到现在广东省中医院的吕玉波院长提起非典仍然心有余悸："给病人上呼吸机时，插管一上去，飞沫就喷发出来，这些飞沫带有传染性极大的病毒，很容易让医护人员感染。"

广东省中医院是最早接触非典病人的医院。一天，二沙分院急诊科来了一位传染性极强的非典患者。没有丝毫犹豫，护士长叶欣率先投入到紧张的抢救中。

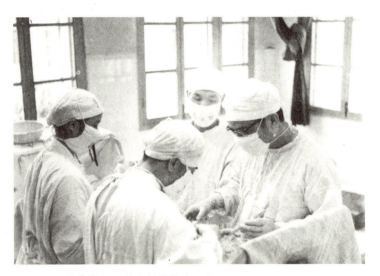

■ 非典期间医护人员在紧张工作。

广东省中医院原急诊科主任张忠德说："一看这个病人发烧，护士长就告诉那几个年轻护士不要进去了。"

患者的病情非常严重，血痰咳得到处都是，需要立即上呼吸机，插管抢救。一个护士拿起插管，正要去接呼吸机，护士长叶欣很自然地说："这里危险，让我来！"

2003年5月12日，叶欣烈士塑像被安置在广东省中医院二沙分院内。

她拨开那个护士的手，把管子接过来，自己把呼吸机接了上去。

经过全力抢救，他们终于把这位患者从死亡线上拉了回来。

非典期间，叶欣的每一项工作都是零距离和非典病人接触，插管、吸痰、打针、护理和消毒，操作时常常被病人的痰液、分泌物喷得一身一脸。

"这里危险，让我来！"这是在抗击非典斗争中人们经常听到叶欣说的一句话。

人们心目中的叶欣

1956年，叶欣出生在广东徐闻的一个医学世家。1974年，她被招进广东省中医院卫训队。很快，年轻的叶欣从学员中脱颖而出，1976年毕业时以优异的成绩留院工作。

叶欣的同学郭雪芳回忆起学生时代的叶欣时说："我跟她在一起读书两年，她读书刻苦，孜孜不倦，我们出去玩时，她都不去的。"

在家中，叶欣把母爱化作默默的奉献。她包揽了家中的所有家务，买菜、做饭、搞卫生，样样打理得井井有条。但她的儿子说，和妈妈过个团圆年是一家人多年未了的心愿。

叶欣的儿子张飙说："好多年了，每到过年的时候，她都不休息，总是坚持上班，其他人在家里团聚的时候，我们还在家里等着妈妈下班回来。"

熟悉叶欣的人都说，叶欣脸上总是洋溢着热情、灿烂的笑容，她的笑容总

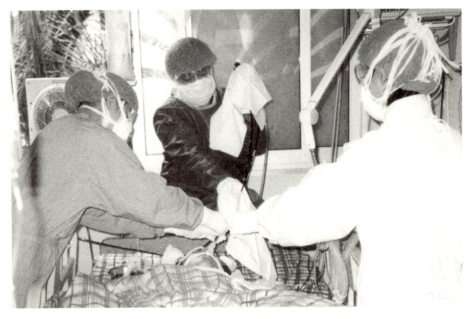

■ 医务人员在抢救叶欣。

有一种发自内心的亲和力,特别善良,特别纯净。无论对同事还是对病人,叶欣总是充满了关爱。

广东省中医院护士陈慧超说:"她总是把自己做的东西带给我们吃,对我们像妈妈,真的像妈妈。"

"不要靠近我,会传染"

连续奋战了一个多月,不知是哪一次与病人的接触,非典病毒悄悄侵入了叶欣的身体。3月2日,叶欣开始发烧,之后她很快就被确诊感染上了非典。

此时,抗击非典的战争已经进入胶着状态。各个角落都进行了前所未有的防护和消毒,对可能接触非典的人和区域采取了大规模的隔离。医学专家们也在紧张地寻找非典的病原体,研制疫苗。一个多月来,千千万万个像叶欣这样的医护人员奋不顾身,奋战在抗击非典的最前线。

叶欣的病情很快恶化,确诊第二天就被转往重症监护区。躺在病床上,叶欣记挂的不是自己的病情,而是病人的安危、同事的安全。在隔离初期,叶欣每天都要打电话回科里,嘱咐大家要做好防护,提醒护士给病人做好翻身、拍背护理。因为怕传染给同事,她就提出要自己护理自己。后来,病得连说话都困难了,她就在纸上写下"不要靠近我,会传染"。

同事一进入隔离区,进入她的病房,她就马上扬手让他们离远一点,不要靠近她。

"如果不是她冲在前面,如果没有她的保护,倒下的人会更多,包括我在内,现在一想起她我就……"广东省中医院护士荣丽瑜说到这里泣不成声。

新时代的"提灯使者"

2003年3月25日凌晨1点30分,叶欣离开了这个她热爱的世界,终年47岁。

临行时,叶欣的家人请求让她换上护士服走完最后的旅程。

■ 叶欣(前排右)旧照。

59

■ 叶欣和儿子在一起。

在叶欣的办公桌上，留下了一本本厚厚的工作记录，点点滴滴，记载着她在非典战斗中拼搏的足迹，凝聚着她一生对护士职业永恒的热爱和追求。

在她的办公室窗外，人们自发地为她竖起一尊题为"大医精诚"的雕像，让她继续守望着自己工作的地方，守望着未能完成的事业。

一个多世纪前，南丁格尔因为英勇的战场救护，被称为"提灯使者"。叶欣，在抗击非典这场没有硝烟的战争中，忘我工作以身殉职，她是新时代的"提灯使者"。

2003 年 7 月，世界卫生组织宣布：中国成功控制非典疫情。此前的 5 月 12 日护士节那天，国际红十字会追授叶欣"南丁格尔奖"。

　　我不知道还有多少村民，在等着我为他们治病，也不知道有多少新的生命在等着我的这双手去迎接他们，希望他们个个都有着健壮的身体，渐渐地长大……

——李春燕

苗乡的月亮
——李春燕

　　在连绵起伏的贵州从江月亮山区里，苗族人延续着他们男耕女织的生活，悠扬的山歌回荡在丛山之间："山歌好唱啊难起头，木匠难起啊转阁楼……"

　　李春燕站在山头望向没有尽头的吊脚楼，她喃喃地说道："那时，我们想

过平静的日子,给人看病,带着自己的孩子,就这样一辈子,可生活并不是我想象中的那样……"

短暂的生命

2004 年 10 月 3 日,贵州省从江县大塘村一个早产婴儿因吸入过多羊水而窒息。村里没有急救设备,当地的志愿者们把孩子送往 15 千米外的县医院,在颠簸的车上,人们注意到了一位名叫李春燕的乡村医生。

随同前往的志愿者刘志洁说:"因为什么都没有,别人做这种急救的时候还垫一块纱布什么的,但是李春燕就是这么嘴对嘴地将婴儿口中的东西吸出来,那可是刚生下来的小孩,他的嘴里都是母亲腹中的一些羊水啊……"

孩子送来得太迟了,这个名叫吴健智的小生命停止了呼吸,这是吴家因为医疗条件而夭折的第四个孩子。这个结局对李春燕而言是那么熟悉而无奈……

无人看病

2000 年,22 岁的李春燕从卫校毕业后,来到了男友孟凡斌的家乡大塘村,这是一个从没有过医生的苗族村寨。春燕最大的梦想就是当医生。

■ 李春燕与丈夫合影。

李春燕说起孟凡斌向她求婚的事:"我说如果我真的嫁给你,你要给我什么? 他说他要给我建一个卫生所。我说好啊,等你建成了之后我再嫁给你。"

没等孟凡斌攒够建卫生所的钱,春燕就成了大塘村的第一个汉族媳妇,她拎着一只用竹篮改成的药箱,开始了乡村医生的生活。

李春燕曾经这样幻想过:这么大一个村,在那里当医生能赚很多很多的钱,以后可能会有好日子过。

可是,春燕发现自己的想法太天真了。她说:"最初的时候只有我们家族的人找我看病,其他人都不敢来找我看病,而有些人是用'鬼'啊什么的看病。"

"鬼",也就是苗寨里的巫医。大塘地处贵州的月亮山南麓,人们都说这里是"天无三日晴,地无三分平,人无三分银"。贫穷和闭塞的环境,让求生的本能变得强烈而盲目,不讲科学的巫医疗法自然盛行。春燕却偏不信这个邪。一天,一位村民因为饮酒过量而休克,巫医的法术怎么也唤不醒他,春燕要求让自己试一试。

李春燕说起那戏剧性的一幕:"输到第二瓶还没有动静,我心里面也觉得发慌,他老婆和女儿都哭了,等到第三瓶刚输到一小半的时候,他的手指头开始有点活动了。最后,他眼睛一睁,醒来的时候还埋怨家人说你们哭什么啊,吵死我了。"

慢慢地,相信李春燕的人多了,可找她看病的人还是很少,有一个病人解开了她的困惑。

李春燕说:"因为这里的农户都很贫困,没有钱,他们不好意思来找我看病。曾经发生过这样一件事——一天早上,一个患病的村民本该正常输液,可是他老婆想让他先挑米去卖,卖了钱回来再输液。可是,去叫他的时候,他已经死了。"

她也是母亲

春燕知道后心里很难受。从此,她不收出诊费,还帮付不起药费的病人垫付。就这样请春燕看病的人真的多了起来。一天夜里,又有人来请春燕去接生,可这回孟凡斌说什么也不答应,因为春燕也怀孕了。

孟凡斌说："那人一个劲儿地求我，还表示如果春燕走不了，他们几个人想办法把她抬过去。"

李春燕也很无奈："在他家守了一个晚上，自己回来的时候摔了一跤。"

就在春燕把一个孩子迎到世间的那个早晨，她失去了自己腹中的孩子。

现如今寨子里的孩子大多都是春燕接生的，她自己也已经是两个孩子的母亲了，可是说起"母亲"这个词她总是摇摇头，她说："我儿子在他姑妈家荡秋千的时候，也就三岁。他自己编了一首苗歌就在那里唱，'摇呀摇，弟弟一个人在摇，不知道妈妈在哪里，也不知道爸爸在哪里……'"

看着那么小的孩子一个人荡着秋千，唱着孤独的歌，春燕心里特别难受，可她真的没有时间陪儿子。

春燕的困境

她不但要给人看病，更让她发愁的是桌上越来越厚的欠账单。那天她去村民王奶奶家出诊，看完病王奶奶给了她几毛钱和一个鸡蛋，王奶奶恳求她说："家里没有钱，拿鸡蛋来换，当钱。"春燕只好收下了鸡蛋。

这样的事情太多了，春燕花掉了丈夫给自己建卫生所的钱，卖掉了家里的稻米、嫁妆和订婚戒指，可亏空还是越来越大，她一狠心卖掉了孟家传了几百年的一套银饰。

这下丈夫不干了，和春燕大吵了一架。他说："卖吧卖吧卖吧，下次没什么卖的你就卖我。"

孟凡斌觉得很委屈："好像那些祖传的银饰传到我手上，我就保护不了它，就传不下去了，就消失了……"

何去何从？

2004年，春燕欠下了药材公司好几万元钱。

孟凡斌回忆说："她特别想吃肉。她提到吃肉的时候，我才发现真的好长时间没有买肉吃了，我心里觉得特别难受。作为一个男人，生活到那种程度了，真的不好受。"

春燕不想看到丈夫这个样子，她在日记里写道："因为我的工作才拖累了你，让你整日忙碌！……假如一切都改变了该多好……"

春燕决定跟丈夫一起出去打工，她不知道该怎样解释自己的放弃，只好悄悄地把这些年乡亲们欠下的账单贴在门背后。离家前的那个晚上，家里突然来了很多人，他们拿着零钱和鸡蛋来还欠账。

李春燕说："我救好的那个五保户来的时候，他的手都是发抖的，他央求我不要去打工，担心我走了以后，他如果有了病可怎么办。"乡亲们你一言我一语地求春燕留下来，春燕一夜未眠。

孟凡斌气呼呼地说："本来她都答应去了，可第二天就改变主意了，我觉得她怎么说话一点都不算数，我就不理她了。"

孟凡斌一气之下独自去了县城打工。

否极泰来

两个月后，因为抢救早产儿吴健智，春燕也来到了县城。在县医院里，匆匆赶来的孟凡斌见到了失去孩子的乡亲，还有疲惫不堪的春燕。几天以后，回到家的春燕收到丈夫寄来的信：

■　村民们时常用鸡蛋当做给李春燕的医药费。

65

■ 2006 年 4 月 17 日，来自贵州的乡村医生李春燕（中）在上海宏康医院向医生请教医术。

■ 2006 年 4 月 17 日，来自贵州的乡村医生李春燕（右）在上海与国家最高科学技术奖获得者、模范医学专家吴孟超院士在一起。

"你受苦了，昨晚见到你，我一阵心痛，你比以前更加消瘦了，真怕一阵风能把你吹倒了……"

孟凡斌说："我就觉得既然她这样坚持下去，还是想办法来支持她。"

孟凡斌回家了，更让春燕高兴的是，看到春燕抢救孩子的报道，社会各界纷纷解囊相助，她梦想中的卫生站终于建起来了，她能用更科学的方法和更好的设备帮助苗寨的乡亲们了。

小健智逝去五年以后，在新的卫生站里，他的母亲终于生下了一个健康的孩子。这个没念过书的母亲，用最质朴的话道出了自己的心声："我以前的六个孩子都没了，现在在医院生下了这个孩子。我儿子身体很健康，我很高兴……"

在离卫生站不远的地方，孟凡斌种了满山的橘子。没事的时候，春燕就带着孩子们上山看丈夫收拾橘园，他们希望每年都能有个好收成，这样才能帮助更多的人……

守望人们健康的人，先守望的是自己的心灵。

我在牧区为大家服务，能体现出人生价值来。能够为他们治病，为他们救命，心里是很高兴的。

——李梦桃

马背上的医生
——李梦桃

北塔山，地处祖国大西北的中蒙边境，哈萨克语称之为"八一特克"，意思是牺牲自己的地方。牧民们说，这里"有山没有树，有沟没有水，有地没有草"。汉族医生李梦桃就工作在这里，这儿也是新疆生产建设兵团最艰苦的牧场之一。

初到北塔山

上世纪60年代初期，大批上海知青怀着满腔热情，立志扎根边疆，支援边疆建设。16岁的李梦桃就是其中一个，从祖国东海之滨的黄浦江畔来到西北边陲的新疆生产建设兵团。

兵团，是一个党政军企合一的特殊社会组织，肩负着国家赋予的开荒种地、守护边境的特殊使命，一代代的兵团人，是建设边疆、保卫边疆的骨干力量。

李梦桃当时并不知道北塔山牧场有多远，是个什么样的状况，在他心里，那里应该是一个山花烂漫、风吹草低见牛羊的地方。

■ 准备离开上海赴新疆生产建设兵团的李梦桃只有16岁。

不料，现实和想象截然不同，这里是一个没有几户人家的穷山窝子。生活在这里的大都是哈萨克族牧民。他们说的话，李梦桃一个字也听不懂。

李梦桃的任务是一个帐篷一个帐篷地去巡诊，他的装备就是一匹马、一块毡子、一个药包和一个马鞭子，还有一支枪。有枪是因为兵团战士肩负着保卫边疆的任务。

■ 刚到新疆时的李梦桃。

李梦桃的住处是一个四面透风的帐篷,到了晚上,孤独和寒冷一齐向他袭来,他有点想家了。李梦桃问自己,我怎么就到这里来了? 也是第一次,他流下了眼泪。

面对北塔山艰苦的生活条件,李梦桃动摇过,曾经想办法离开这里。但随着对牧场无医无药状况的了解,他开始犹豫了。

"妈妈"做的面条

为了履行一个兵团人的责任,李梦桃最终留了下来。

他下决心学习,因为这里的病人把医生当做是什么病都可以看的,他既要看内科、外科,还要看妇产科、儿科,总之,什么病都要看。

■ 李梦桃和妻子站在自己栽种的小树旁。

在与牧民的交往中,聪明的李梦桃很快学会了哈萨克语,并渐渐和哈萨克牧民们建立起了深厚的友谊。

李梦桃走遍了北塔山的沟沟坎坎,乌龙布拉格草原到处都留下了他的足迹。

在暴风雪中,他不止一次地迷路,是哈萨克牧民把他救起带回毡房。

李梦桃回忆道:"有一次在巡诊的路上,我的胃病复发了。我只好放掉缰绳,让识途的老马把我驮到一个牧民家里。这家的老大娘把家里很少的面粉拿出来,给我擀了一碗面条,他们的孩子和她自己吃的却是苞谷面馕。这个时候吃这碗面我真的咽不下去,我就感觉这个老大娘就像自己的妈妈一样。"

■ 李梦桃（站立者）巡诊时碰到牧民向他们赠送常用药。

骑马行医的路程可绕地球8圈

有一个土生土长的哈萨克族小伙子，他有一个地道的汉族名字，叫"向阳"。在向阳心里，这个名字寄托了全家人对救命恩人的深深谢意。

哈萨克族牧民向阳说："妈妈生我的时候，肚子疼了三天，总也生不出来，如果没有医生的话，我也没有了，妈妈也没有了。这个医生哈萨克人就叫'脐带妈妈'。"

向阳说的"脐带妈妈"就是李梦桃。当年就是经过他一整夜的抢救，向阳才来到这个世界的。

李梦桃说："孩子生出来的时候，天已经大亮了。他爸爸妈妈一定要叫我给起个名字,我就说,因为忙了一个晚上,天也亮了,天特别好,太阳出来了,你们的孩子就叫'向阳'行不行?他们说好,这个名字好得很。"

李梦桃在祖国大西北的中蒙边境和哈萨克牧民一起生活了36年,救治的牧民不计其数。

他被牧民们称作"马背上的医生",每次为病人看病,他都要骑着马走上几天几夜。36年间,他骑马的行程可以绕地球8圈。

"这是你爸爸,不是叔叔"

在哈萨克牧民心中,李梦桃是一个称职的好医生,是他们的大恩人。可是,李梦桃也有他的愧疚和遗憾,他没有扮演好一个丈夫、一个父亲、一个儿子的角色。

李梦桃的妻子陈立玲回忆道:"他好几个月都不回来,回来以后我们女儿就问,妈妈,这个叔叔是谁啊?我就跟她讲,这是你爸爸,不是叔叔。"

因为交通不便,远在上海的父母过世的时候,李梦桃都没能回去。他说,自己心里总是觉得很内疚,没能在老人膝下尽孝。但是,能够在祖国的边疆牧场服务各民族人民,他相信爸爸妈妈的在天之灵也会支持他,为他高兴的。

他就像那棵树

上世纪80年代初,当年一起来边疆的知青大多都通过各种途径回到了内地。而李梦桃却一直没有这个打算。

留下来的李梦桃开始着手建立北塔山牧场医院和疾病预防控制中心,培养人才。如今,80%的医务人员是当地土生土长的哈萨克族。

北塔山牧场疾病预防控制中心主任宏伟说:"我们都没有上过正规的卫生学校,都是跟他学的,一帮一,一带一培训出来的。"

　　北塔山的牧民在享受现代医疗的时候，没有忘记这位来自黄浦江畔的汉族医生。每家每户结婚的时候，都会邀请李梦桃前来庆贺。他们把李梦桃当成自己的好兄弟、好儿子。

　　如今已经成为新疆生产建设兵团农六师奇台医院党委书记的李梦桃说："作为兵团农场，这块地方总是要有人守的，我能够在这样一个地方为祖国站岗，是一种责任，也是一种光荣。"

　　进北塔山的必经之路上有一棵大柳树，是方圆百里唯一的一棵树，当地牧民称之为戈壁圣迹，并为之竖碑，碑文写道：30年来，唯独此树傲立荒漠，伟岸挺拔，虽经风霜，仍根深叶茂，宛如战士戍边守卡。

　　李梦桃就像那棵树，他用一颗至纯的心灵，与这片热土永远融合在一起。

我做好亭并不是目的，目的就是作为警察，要用这种爱心去把老百姓的口碑掏过来。

——邱娥国

小巷总关情

——邱娥国

邱娥国每天都骑着他那辆旧自行车走街串巷，向大家问问这个，问问那个，随时记录下了解到的情况。居民们发现新来的这个身高一米八三的民警，脸上总是带着和善的微笑，听老人说话时总是俯下身子，与他交谈就像与家人聊天一样随意、亲切。慢慢地，人们记住了邱娥国这个名字，把他当成无话不谈

的老朋友。

一把斧头破大案

1979年,33岁的邱娥国从部队转业,来到江西南昌当上了一名普通的派出所民警。

现任筷子巷派出所所长的杨金平是邱娥国的徒弟,一心想当刑警的他却被分配到派出所工作。他这样描述当初自己对"片警"工作的理解:"派出所工作就是天天跟一些大妈、大婶、大叔,甚至是一些七八十岁的老同志打交道,做的也是一些很琐碎的事。"

如今成为南昌市公安局西湖分局副政委的邱娥国刚一走上民警岗位就为自己定下目标:"当民警就是在一方工作,保一方平安,稳一方民心,富一方

■ 邱娥国所管段有5个居委会、2100多户、6000多人口,他对每户户主的姓名、家庭住址、居住的楼层,住房面积、结构都了如指掌,群众称他是一台"活电脑"。

群众,反映一方民意。我的任务就是熟悉情况、了解情况,上百家门、知百家情。"

邱娥国所管的筷子巷辖区面积大,人口稠密,小街小巷纵横交错,是南昌市最古老、最拥挤的旧城区。来到派出所

正月初一下午,刚从北京回到南昌市的筷子巷派出所户籍民警邱娥国(左),径直来到辖区,向居民拜年,祝大家合家幸福,万事如意。

后,人们都亲切地称他为老邱。没有多久,邱娥国就对自己辖区的情况了如指掌,小巷里的人和事都清晰地印在他的脑子里。

时隔20多年,邱娥国还清楚地记得筷子巷的每户人家:"你比如说万寿宫1号到23号,1号家里住谁,2号家里住谁,我到现在还有印象。1号姓郑,2号也姓郑,3号姓齐,4号姓张,这个我都非常清楚地记得,在脑袋里基本上是改变不了的,印象非常深。"

1987年,南昌市发生一起斧头砍人致死的恶性凶杀案,据刑侦专家分析,凶手就应该住在城区。消息传开,城内人心惶惶。南昌市警方将这起案件列为速办速查案,要求在最短的时间内破获案件,捉拿凶手。担任户籍警的邱娥国接到命令,在所管辖区排查犯罪嫌疑人。

邱娥国仔细地翻阅案发现场的材料,那把沾满血迹的斧头立即引起了他的注意。

邱娥国说:"我一看,这是做木工的斧头,是那种打家具的斧头。当时我就想,我管的辖区里面,两千多户、七千多人,有哪些人是做木工的?"

75

辖区的情况像过电影一样在邱娥国的脑子里闪过，很快，一个人的身影在他面前渐渐清晰。"果然，就让我排查到疑点，是住在合同巷的熊某，他当时不在家，曾经有犯罪的前科，这样就确定他为嫌疑对象。"

邱娥国立即把这个线索向上级做了汇报，专案组根据他提供的线索，很快破获了这起凶杀案。邱娥国也因此荣立二等功。在筷子巷派出所户籍民警中，邱娥国有三个最多：获得信息最多，提供线索最多，破获案件最多。

"放心吧，我就是您的儿子"

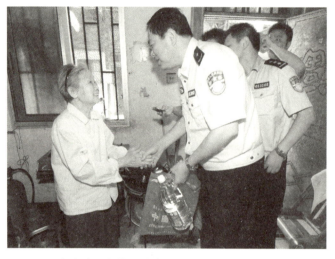

■ 中秋节，邱娥国（前右）带领同事们来到进贤门社区看望 86 岁的孤寡老人姜瑞琴。

在筷子巷派出所辖区，人人都知道有困难找老邱，凡是关系到群众冷暖安危的事，他听到了就要去。交通堵塞他管，群众纠纷他管，居民缺水断电修房屋他也管。

而邱娥国却说："我做好事并不是目的，目的就是作为警察，要用这种爱心去把老百姓的口碑掏过来。"

筷子巷辖区曾经生活着一位老人余锦桂，在她80岁时老伴去世了。无儿无女的她顿时失去了对生活的希望，整天愁眉不展，身体也越来越差。邱娥国及时来到她身边，帮她寻医问药，送油送粮，生火做饭，让老人重新体会到亲情的温暖。在一段新闻资料里，这位老人这么说："他买了药给我治病，要是没有他，我这个孤老早就死了。"

一天,老人叫住了来送柴火的邱娥国,从木箱底下摸出一个包袱,把紧紧包在里面的两个存折共3300元钱和丈夫的扫墓证交给邱娥国,然后说:"娥国,这钱和证件你替我放着,我的后事全托付给你了。"邱娥国回答:"放心吧,我就是您的儿子,我妻子就是您的儿媳妇。"

不久,老人去世了。听到消息的邱娥国一脸沉重,马上去帮老人安排后事。南浦街道天灯下社区的主任陈景看到了赶来的邱娥国,她说:"当时我们看到他的表情很凝重,他不停地摇头。对我们辖区的一个孤老这样无微不至地以儿子的身份去照顾,去帮助料理她的后事,我们确实很感动。"

邱娥国在当户籍民警期间共奉养过13个像余锦桂这样的老人,其中9个人的后事是由他亲自操办的。

几乎在每个周末,邱娥国家里都会有一个小姑娘的身影,邱娥国经常给她辅导功课,吃饭时还不断给她夹菜,就像对待自己的女儿一样。这个小姑娘叫许珍,是筷子巷辖区的孤儿。许珍还有个姐姐名叫许凤。5年前,姐妹俩最后的亲人,她们的父亲因病离开了人世,她们顿时成为孤儿。由于没有经济来源,成绩优秀的姐妹俩萌生了退学的念头。

那段岁月在幼小的许珍心里打下了深深的烙印,被她称为大伯的邱娥国的出现让姐妹俩重新感受到了父爱。许珍说:"当时根本没有钱上学,一直想该怎么办。大伯就跟我讲,你要积极写信给报社或者找资助啊,让他们关注这件事情。他也经常帮我们到居委会或者派出所那边去问、去联系。"

通过多方奔走,邱娥国为姐妹俩争取到了在南昌市二中免费读书的机会。怀着感激之情,姐妹俩发愤读书,先后迈进了梦寐以求的大学之门。如今,姐姐许凤已经大学毕业,妹妹许珍正在准备考研,继续深造。

户籍警的亲人都在农村

邱娥国的母亲跟着邱娥国一家生活了十几年,前几年因为腿脚不灵便,住

不惯楼房回到了农村。老人家完全符合"农转非"的条件，派出所领导也多次提醒他把母亲的户口办进城里。可指标有限，每次有机会时邱娥国都是把名额让给更需要的人。至今，他80岁的老母亲、兄弟和侄儿、侄女们还都是农村户口。他的三弟媳妇说："邱娥国有六个兄弟，他排行老二，侄儿侄女十五六个，他没有帮一个转成非农业户口。"

邱娥国的五弟邱小娥从小因家贫被送人，娶妻生女后又回到邱家。不久，小娥的妻子去世，剩下小娥一个人带着三个孩子过日子，生活陷入了困境。老母亲从老家赶到南昌，求邱娥国想办法把小娥和三个孩子的户口转为城镇户口。望着满头白发操劳一生的母亲，邱娥国的心碎了，他含着泪水哄骗老人家说，他会想办法的。他的办法就是从自己的工资里拿出一部分贴补给弟弟一家。许多年后，弟弟也理解了哥哥："我理解我自己的哥哥，我哥对我很关心，我二嫂也是一样的。"

从警以来，邱娥国共为100多人办理了城镇户口，却没为自己的亲戚办过一个，他知道欠家人的太多，但他总是说，我要对得起家人，更要对得起我头上的这枚警徽。

随着旧城改造的步伐，昔日熟悉的小巷正在一点点地消失，但那小巷留下的温暖将永远珍藏在邱娥国和居民们的心中。

一枚警徽，一份责任；带来平安，带来温暖。

一个最差的调解也胜过一个最好的判决。

——宋鱼水

法网柔情
——宋鱼水

　　对一个当事人来说，可能一辈子只进一次法院，如果这唯一一次与法院的接触，不能使他们得到公正的对待和结果，我觉得在他们一生当中都可能留下阴影。

"一个最差的调解也胜过一个最好的判决"

法庭上的宋鱼水，即使是在法庭辩论最激烈的时候，依然是轻声慢语，不愠不火。作为全国第一家知识产权庭——北京市海淀区人民法院知识产权庭庭长的她，经常面对智者与智者的较量。有人甚至担心这名温和的女法官会让庭审失控，但庭审的结果却每每出人意料。

法庭外原告、被告双方相互指责：

原告："这种行为我认为是严重的道德败坏。"

被告："当时在电话里我就骂他。"

■ 北京市海淀区人民法院知识产权庭庭长宋鱼水（后排左）在法庭上审理案件。

这是2002年宋鱼水处理的一桩异常棘手的侵权案件。一对曾经是大学同窗的合作伙伴，因为一方另立门户生产同类产品而反目成仇，对簿公堂。原告以职务侵占为由告到执法机关，被告因此在看守所中被关押了10个月。

双方的怒气、怨气，最终演变成开庭时的相互指责和谩骂，双方几乎动起手来，他们都强烈要求法院给个说法。面对这种情况，宋鱼水依旧温和地倾听着双方的陈述，而倾听的背后则是洞若观火的清晰判断。她理解双方投入的心血，她明白企业产品的市场价值，但她更能够想到，宣判之后双方的水火不容和上诉纠缠，等待两个企业的无疑是两败俱伤。

宋鱼水说："我们要考虑的不仅是庭审结果，更是社会效果，只有原告、被告的利益都损失最少,才会让社会的损失减少到最小。"

判决相对容易,但宋鱼水选择了难度更大的调解。

宋鱼水等待着调解的契机,寻找着调解的依据,她不想和稀泥,她要在法理和情理这两个层面上,让双方心悦诚服。她翻遍了三四个人才能抬得动的证据材料,先后进行了九次询问、四次勘验和四次开庭,其中仅一次质证就进行了整整四天。

■ 宋鱼水当选为全国人大代表。

最终,宋鱼水胸有成竹地提出一个调解方案:让原告、被告双方共同创办一家新公司。一切柳暗花明,昔日的死对头破镜重圆,两个老同学的手又重新握到一起。

在宋鱼水的建议下,他们改变了以往哥们儿义气的合作方式,明确了各自的权利义务,从互相拆台到同心协力,新公司当年就取得了喜人的业绩。

宋鱼水说:"一个法官,我觉得更有责任保护社会生产力的发展。通过调解,能够使面临灭顶之灾的企业起死回生,获得这种双赢的结果,也许是法官对社会发展、对人民群众期待的一种最好的回报。"

在宋鱼水审理过的案件中,选择"调解"结案的超过70%,最大程度地为百姓节省了诉讼成本。

■ 宋鱼水在法庭上审理案件。

新兴行业的法律先锋

■ 宋鱼水(中)和同事在研究卷宗。

宋鱼水办公室的窗外就是被称为"中国硅谷"的中关村科技园区。科技企业的创新、发明需要法律提供产权保护,宋鱼水和她的同事们面临着很多第一次、第一例。弹性力学、建筑设计、音乐曲谱等等,新锐精深的专业问题接踵而至。

宋鱼水觉得,法庭有时候就是一个课堂,而且这种个案的学习是迫切的,你学不明白就判不明白。

2002年,宋鱼水审理了某著名学者起诉一家数字图书馆的著作侵权案。当时对于界定这一新兴行业的某些行为是否构成侵权,我国的法律并未规定,宋鱼水查阅了大量资料,并多次进行实地考察。

宋鱼水认为,考察的目的是学习,而学习的目的是服务于审判。

法庭最终判决被告构成侵权。此案后来被评为当年全国十大知识产权案例之首。

像这样的全国首例还有很多:首次试用诉讼禁令;首次将丧失商业信誉作为解除经销权的法定事由。在无数次站在时代前沿的审判中,企业的经济损失被挽回,当事人的利益得以保障,新兴行业找到了可资借鉴的法律判例。

中关村有一位领导说,法律也是生产力。宋鱼水认同这个观点。

绝情,是一种更深的爱

宋鱼水11岁那一年,家境贫寒的她曾一度辍学。经过生活最真实的苦与痛,她希望所有人都能够得到平等公正的对待。她说:"我要让所有当事人都感受到法律的公正与力量。"

40岁的山东农民王光是宋鱼水的同乡。2000年,王光因为资金周转困难,拖欠一家广告公司100多万元的广告费,被广告公司告上法庭。那时,老王满怀希望找到宋鱼水,可是宋鱼水一点面子也不给。

宋鱼水说:"如果你要给予他个案的利益,你就会选择一个不廉洁的做法。虽然他得到了暂时的利益,但是他同时也得到法官真'黑',这个社会黑暗的感受。试问,谁希望法官'黑'?谁希望社会'黑'?"老王最终输掉了官司,但是宋鱼水的话让他对公正有了新的认识。

王光后来也承认在这个事情上,法官失去了公正,就等于失去了自己的人格。在同乡转身离开的那一瞬间,宋鱼水的泪水夺眶而出,老乡那一声质朴的理解深深地刻在了这名女法官的心上。

宋鱼水说:"有时候我心里面有绝情的一面,但我觉得,可能这种绝情是对他们一种更深的爱吧。"

在家庭与法庭两个空间里尽职尽责

1993年,宋鱼水正式成为一名法官,这意味着她可以独立办案了,也正是在这一年,她成为了一名母亲。

成为法官的这天,是她最高兴的一天。

初为人母,让她喜悦也令她焦虑。

宋鱼水觉得，自己刚刚升任法官，应该更好地工作。

反复权衡之后，宋鱼水把不满周岁的儿子送回农村老家，让父母照看。好不容易等到了春节长假，见到儿子那一刻的情景却在她心中留下了终生难忘的酸楚。

宋鱼水回忆起那天的情景："孩子拼命地哭，死活就不跟我，他越不跟我，我就抱得越紧，抱得越紧他就越往外逃。我们就这样撕扯着，当时我的眼泪哗地一下就流出来了，感到自己确实没有尽到一个母亲的责任。"

从那一刻起，宋鱼水下定决心，就是再难，也要亲手把儿子带大。要做一名好法官，首先要成为一个好母亲。如今，作为母亲与法官，宋鱼水以女性特有的柔情与坚强，在家庭与法庭两个空间里尽职尽责。

海淀区人民法院的石阶上刻着庄严的天平图案。宋鱼水每天都从这里走上自己的岗位，实践着一位法官的理想，守护着心中神圣的天平。

国徽在上，法槌在手，天平在心。基层法官的职业，宋

■ 宋鱼水（右三）在和同事交流。

鱼水一干就是20年。她眼中的法律，既有维护社会公平的庄严，更有实现和谐社会的温暖。

如斯，真情如水，正义如钢。

你们以后要提醒我，凡是逢年过节的时候，要争取来看看这些人，看看这些社会上容易被人遗忘的人。

——张云泉

群众的贴心人
——张云泉

2005年1月29日，这一天是农历腊月二十，张云泉的女儿方小娟出嫁了。婚礼上，新娘依偎在爱人的身边，甜美地笑着。此时，父亲张云泉显得更加激动。8年前，他收养了这位流浪街头的女孩，如今，她又有了自己的新生活。

父亲的身影

1986年,方小娟的父亲突发脑溢血去世,母亲不堪打击,偏执地认为丈夫是被人谋害的。从此,她带着年仅4岁的女儿,走上了漫漫上访路,这一走就是11年。后来,她们遇到了时任泰州市信访局局长的张云泉。

第一次接触,就让张云泉记住了方小娟这个冷漠而倔强的姑娘,而让他更难以释怀的是这个15岁的女孩不同寻常的人生经历。凭着多年的接访经验,他认为,用慈祥的父爱或许能挽回一颗即将迷失的心。

张云泉说:"她从4岁到15岁,11年在外面过这种漂泊流浪的生活,性格中有点野性,又没有上过学,不听话。我想,我要尽最大的努力帮助她。后来我就把这个小孩带到我自己家里来,让她过正常少女的生活。"

在张云泉一次次的回访中,方小娟紧锁的心门被打开了,她慢慢接受了这位似乎在梦中见过的父亲。

8年的时间一分一秒地过去了,在方小娟的记忆里,她永远记得第一次背上书包的感觉,永远记得雨天时父亲为自己高高撑起的雨伞。

1948年,张云泉出生在江苏省如东县的一户渔民家庭,10岁不到的他就跟着村里的大人们一块儿下海捕鱼。常年的海上生活,使张云泉深深地爱上了大海。1969年,21岁的张云泉进入我国第一代导弹快艇部队服役。

1983年从海军特种兵岗位上复员后,张云泉被调到泰州市信访局工作。在这个被称为机关第一难的工作岗位上,他整整干了26年,直接帮助像方小娟这样的孩子多达数十名。

2009年8月23日,在南京工作的张云泉特意回到了泰州,看望自己的另外一个"孩子"——徐宇。在他心里,徐宇和方小娟一样是他生命中不可分割的一部分。

10年前,徐宇的父亲因病去世后不久,母亲又不慎掉入水坑,导致高位截瘫，这让徐宇母子俩的生活举步维艰，不久母亲也去世了。在得知肇事水坑是一家企业违规挖掘的情况后，小徐宇一次次来到高墙围绕的工厂，但是年幼无助的他甚至连工厂的大门都无法敲开。

当张云泉看到跪在信访局门口冻得瑟瑟发抖的小徐宇时，一把将他搂在怀里，用自己的体温去温暖这个无助的孩子。

张云泉说："他告诉我，他的父母亲死之前，长时间地看着他，始

■ 2008年5月26日，张云泉在进行奥运火炬传递。

终看着他，担心他们走了，他怎么过。这时候我就想，现在孩子的父母都没有了，他的日子怎么过呀。"

了解了事情的经过后，厂方的霸道与蛮横不禁让张云泉拍案而起。经过多方努力，张云泉终于为徐宇要到了赔偿款。但是徐宇以后怎么生活呢？通过与当地政府的沟通协调，张云泉在一家企业为徐宇找到了工作，并且一直看着他恋爱、结婚。

"共产党万岁"

　　李庆余是泰州的一位普通农民。几年前,他唯一的儿子在一次意外中因公殉职。突然而至的打击和随后迟迟不能解决的赔偿问题,让这个家庭彻底陷入

　■　张云泉(左二)在泰州市农村现场接待上访群众。

了黑暗。又是一年中秋节,当李庆余打翻团圆饭,准备去上访时,却在家里迎来了信访局长张云泉。

　　张云泉的到来,令这个不圆满的家庭感受到了温馨的节日气氛。

　　多年来,为了抚慰这对晚年丧子的老人,张云泉四处奔走,甚至把他们接到城里来,帮助他们申请了低保。为了让这对老人的生活更有保障,张云泉又找到邮政、工商、税务等部门,为他们争取了一个售货亭。

　　李庆余说:"当时我们家老太太讲,给这个售货亭取个什么名字啊?我

想了想,就写下'共产党万岁'5个字,当时我老伴就笑了,她说,哎,这个名字好。我想,张局长他是个好人,他是共产党的干部,所以我就要感谢共产党。"

6年过去了,这个名字叫"共产党万岁"的普通售货亭,名字越叫越响,越传越远。如今,这里已成为泰州的一道风景。

"我能理解他们"

心是需要抚慰的,尤其是那些遭遇了困难和不公的群众。26年来,为了这份责任,张云泉平均每天工作12个小时以上,每年批阅、落实人民来信2000多封,接待群众2000多人次;义务帮扶过200多户特困家庭,并先后从自己的工资

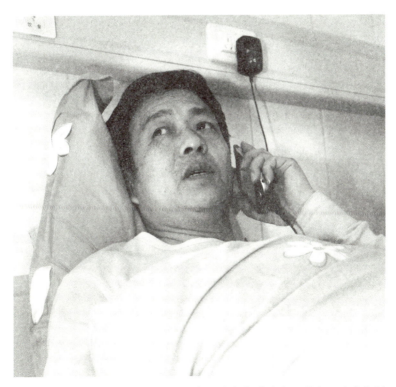

■ 2005年3月23日,张云泉因过度劳累引发胆囊炎,治疗期间仍在不断接听来访电话。

里挤出 4 万多元救济困难的群众。然而又有谁能够想到，因为上访对象的不理解，张云泉的腿上留下了十多处踢伤的痕迹，他的胸前留下了七八处抓伤的疤痕，他的手指被咬得露出骨头而不能灵活弯曲，他的左眼被打成重伤留下了终身伤残。

张云泉说："有些群众，他们在基层，在某些方面受了强势人群的欺负，或者受了某一个侵犯他的利益的单位干部的欺负，就会把气出在接待员的身上，出言不逊、吐唾沫、揪衣服、揪头发，甚至动手打人，这些我们都能理解。"

2008年，张云泉调到南京，担任江苏省信访局的巡视员。出发时，他深情地对办公室的秘书说了这样一段话："你们以后要提醒我，凡是逢年过节的时候，要争取来看看这些人，看看这些社会上容易被人遗忘的人。即使将来我离开了信访部门，你们都要想着这些人，过来看看困难群众，这对于抚慰他们痛苦的心灵是很起作用的。"

张云泉坚信，只要心与心能紧密相连，脚下的路就越走越宽。

　　如果有第二次生命，我还会选择帕米尔这个第二故乡，还会选择医生这个职业。

——吴登云

血肉深情
——吴登云

青山隐隐水迢迢，
秋尽江南草未凋。
二十四桥明月夜，
玉人何处教吹箫。

这是唐朝诗人杜牧描述江南水城扬州的诗句，也是当地世代传唱、妇孺皆知的歌谣。扬州是吴登云的故乡，但他离开那里已经很久很久……

到最艰苦的地方去

吴登云出生在江苏扬州一个水乡小镇。1963年，23岁的他从扬州医专毕业后，和同学们一起来到遥远的新疆帕米尔高原，一待就是46年。

一到新疆，吴登云就主动提出要去最艰苦的地方。他说："我从小家里面很穷，上学的时候都是党和人民给的车票钱，我才能上学，才能有今天。现在应该是报效党和国家的时候了。"

吴登云选择的是乌恰县，地处帕米尔高原的最西端，也是祖国版图的最西端。在这里，可以看到我国最晚的落日。这片土地和故乡扬州是那么不同。这里只有冰冷的雪山、茫茫的草地和无尽的戈壁滩，至今还是国家级贫困县。居住在这里的大多是柯尔克孜族同胞。

吴登云至今仍对初到乌恰印象深刻："一到乌恰县就发现，这哪里是个县城，就是个大点的村庄嘛。没有一座楼房，也没有一座砖房子，与扬州相比，落差是非常大的。"

吴登云同时还发现，那里的医疗条件非常差，不是缺医少药，而是无医无药，非常需要医务人员。

■ 吴登云在给柯尔克孜族牧民诊治。

骑上马，背上药箱，吴登云就这样开始巡诊了。乌恰县山峻路险，地广人稀。一年中，他有大半年的时间在外巡回医疗，往往为了一个病人，翻山越岭走上好几天的山路。他风餐露宿，经常遭遇雪崩、洪水等险情。

吴登云说："骑马太累的时候，如果摔下来，脚套在马镫里面就非常危险。我亲眼见过有人脚套在这个马镫里，被马拖死了。但是只考虑自己的安全，不顾病人的生命，这点我做不到。"

许多民族兄弟姐妹的体内流着他的血

1966年冬天，医院里来了一位子宫大出血的柯尔克孜族女患者。那位妇女的血压已经没有了，脉搏也没有了，非常危险。医院没有血库，怎么办？容不得半点迟疑，吴登云决定把自己的血献给她。

随后，300毫升的"救命血"缓缓流进了病人的血管。热血驱走了死神，病人活过来了。在场所有的少数民族兄弟，都被这一幕感动了。用自己的血救活了病人，吴登云异常高兴。

这是吴登云第一次献血。

奔腾的克孜勒苏河日夜流淌，不断滋养着高原上的土地和人民。吴登云的鲜血也一次次流进民族兄弟的体内。

吴登云回忆说："我给病人献血有几十次，献血的总量有7 000多毫升，超过一个人全身血液的总量。对我来说，失点儿血对身体稍微有点儿影响，可是对病人来说，这鲜血能换来他宝贵的生命啊，所以我会毫不迟疑地做好这件事。"

把自己的皮肤移植到婴儿身上

维吾尔族牧民买买提明一家，永远忘不了1971年的那个冬天。小儿子托肯在玩耍时扑进火堆，大面积的皮肤被烧焦。来到乌恰医院的时候，孩子已经奄奄一息。

■ 买买提明（左）关切地查看吴登云为他孩子植皮时留在腿上的伤痕。

吴登云想："如果不把孩子的创面治好，他回到毡房之后就会感染，感染以后他会死的。"

吴登云立即展开手术，并动员孩子的父亲为儿子植皮。听说要从自己身上切皮，孩子父亲吓得不敢答应。

"想到这是少数民族兄弟，我就下决心从自己的身上取皮给他移植。"吴登云这样说。

10分钟后，吴登云一共从腿上割下13块拇指大小的皮肤。接着，他又拖着麻醉的双腿，走上手术台，把自己的皮肤移植到孩子身上。

至今他身上还留着多处伤疤。

吴登云说："我是一个医生，一个医生不治好病人，就没有存在的必要，也没有存在的价值。说实在话，如果一个病人在我面前把不该丢掉的生命丢掉了，我对自己没法交代。"

把一切献给帕米尔高原

每隔一段时间，吴登云就会来看望他医治好的病人。即使在1984年担任乌恰县人民医院院长之后，他仍然保持这一习惯。

吴登云说："这里的少数民族群众淳朴善良，我有责任帮助他们解除疾病的痛苦，有责任挽回他们的生命。"

做各族人民的好医生，一直是他朴素的理想。为此，他曾经推掉了担任乌恰县副县长的机会。他说："我觉得我这个人啊，做医生更合适，病人也需要。"

46年过去了，吴登云说自己这辈子在乌恰做了三件事：一是抢救了一批危重病人；二是在1985年乌恰地震后，重建了一座现代化的医院，培养了一批土生土长的少数民族医生；三是在寸草难生的戈壁滩上种活了6万棵树。吴登云回忆说："1990年我们搬到这个医院，当时就有两栋楼，环境相当差，都是戈壁滩，我们就下决心改变。一个人应该给子孙后代留下一点东西。如果哪天我走了，起码种的这些树都在，培养的人都在。"

离开故乡多年的吴登云，依然忘不了瘦西湖的荷花，乌恰高寒多风的气候种不了荷花，他就在喷水池中用铁皮制作了四季常开的铁荷花。扬州有二十四桥明月夜，他也在医院里规划了二十四桥，以寄托思乡之情。

吴登云把自己的血肉和青春都献给了帕米尔高原，甚至包括难以割舍的亲情。吴燕是吴登云最心爱的女儿，在父亲的感召下，她也留在乌恰当起了一名护士，并像父亲一样，多次为病人献血。

■　八十多岁的柯尔克孜族妇女米满比（中），27年前曾患卵巢囊肿，经吴登云精心手术治疗后康复。这位老人至今一听到吴登云来了，总是要出门迎接。

1997年，她放弃休假，护送一名危重病人就诊，途中遭遇车祸。女儿走了，只留下对父亲深深的爱。

女儿吴燕生前说："父亲总是动员我们留在最艰苦的地方。有好几次机会是可以走的，却都没有回去。"

吴登云听到女儿遇难的消息后，一下子就晕过去了。他当时想到的是：自己的小外孙女才4岁半就没有妈妈了。

此后，他时常一个人来到女儿跳皮筋的树林里，女儿跳皮筋时喜欢哼唱的那首诗歌时时在他耳边响起：

青山隐隐水迢迢，

秋尽江南草未凋。

二十四桥明月夜，

玉人何处教吹箫。

帕米尔高原的"白衣圣人"

吴登云救治的病人难以计数，当地人为他创作了一首民歌——《白衣圣人》，表达了柯尔克孜人和维吾尔人对这位汉族医生深深的感激和敬意。歌词大意：

永远热爱人民，

从未亏过人心！

你是我们生命的保护神，

对你，我们感激不尽，

愿你这位白衣圣人，

永远健康长寿！

每每听到这首民歌，吴登云都会有这样的感想："我在帕米尔高原上辛苦了几十年，奉献了父女两代的热血和女儿的生命，但我获得了难以用金钱来衡量的宝贵的精神财富，所以我一点儿也不后悔。"

至今，69岁的吴登云仍工作在帕米尔高原。

诚然，像吴登云一样，从毫无自私自利之心出发，就可以变为大有利于人民的人。

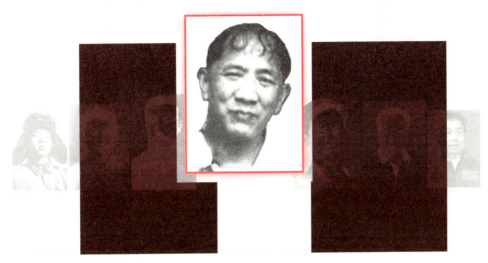

老百姓能把我当成他们的儿子，而没有把我当成人民的老爷、人民的上帝，是我最高兴的事情。

——吴天祥

他是一座桥
——吴天祥

　　江城武汉有很多桥，武汉市武昌区政府信访接待室就在武汉长江大桥不远处。每天早上 6 点半，65 岁的吴天祥都准时出现在这里。虽然他已经退休，但仍被大家称作"一号接待员"。

他有很多"穷亲戚"

1990年11月，46岁的吴天祥第一次走进这里——信访接待室。他设计了一面墙，贴上了很多上访群众的资料，吴天祥把他们当做自己的"穷亲戚"。

■ 吴天祥（中）在抗洪抢险现场。

1996年8月，正值武汉雨季。晚上11点多钟，吴天祥家里的电话响了。雨势太大，积水把西城壕街的一栋老房子冲垮了，高位截瘫的黄东萍被压在砖块下。

黄东萍说："那时候叫天天不应，叫地地不灵，真是死的心都有，我就抱着试试看的心情让儿子打电话给吴天祥。"

雨点猛烈地砸下来，她几近绝望。雨这么大，吴天祥会来吗？

吴天祥接到电话，听到黄东萍的儿子在电话那头说："吴爷爷你快来啊，你来晚了我妈妈就没有救了。"他赶忙一边穿衣服，一边往她家里跑。

吴天祥回忆道："我去的时候，那个房子已经都倒了，她半个身子都埋在里面，头上有很多泥巴，脸上还有伤。她一见我的面就哭，一边哭，一边喊，救命恩人来了，救命恩人来了。"

吴天祥扒开砖头，从泥浆中抱出浑身是伤的黄东萍，冒着大雨把母子俩带回了家。

■ 1998 年 6 月中旬—9 月上旬，我国南方特别是长江流域及北方的嫩江、松花江流域出现历史上罕见的特大洪灾。截至 8 月 22 日，全国共有 29 个省、自治区、直辖市遭受不同程度的洪涝灾害，江西、湖南、湖北、黑龙江、内蒙古和吉林等省区受灾最重。

■ 吴天祥写的民情日记。

黄东萍说着说着就开始掉眼泪："到了他家，洗澡、包扎伤口，热乎乎的饭端到我们母子手上，那种感受真的无法用语言来表达。他说有事就跟他说，不要紧，让我们把他当做自己家的亲人一样。他就是这样。"

黄东萍与儿子相依为命，无依无靠，于是吴天祥又组织人为她们建起了新房子。吴天祥经常来看望她们，即使在外地也总是记得打个电话。他已经成为这对母子最亲的人。

伴着百十头猪过除夕

1996年12月,52岁的吴天祥升任武昌区副区长。他官变大了,可办事习惯却没变。他把自己的电话号码打印了七八百份,发到居委会,大家有什么难事、苦事,只要打个电话,他都会去处理。

■ 吴天祥(右)走访青龙巷29号,听老人诉说住房的苦恼后,请老人别着急,他一定会想办法帮助解决。

2004年1月20日这天,人们都在忙着办年货,准备过大年,吴天祥又想起了他的一位"穷亲戚"——黄存凤,一名下岗工人,在吴天祥的资助下,在黄州农村养猪。

黄存凤说:"他知道我六七年没有回家过年了,跟我说,让我回家过年,与家人团聚,他在这儿替我看家。我想他这么大年纪,身体又不好,就没答应。"

黄存凤没有想到，当天下午吴天祥就赶到了黄州农村。

"后来没有办法，我就把自己家里的鸡杀了一只，给吴区长煨好。我说初一早上就来换他。他让我初二再来。"就这样，吴天祥把她送上了回市里的汽车。送走黄存凤后，吴天祥马上换下衣服，到猪圈里忙活起来。

"后来，初二我回来的时候，"黄存凤说，"鸡汤没动，他只吃了我们家里的一点儿大白菜。"

就这样，当武汉市区烟花漫天绽放、家家团圆时，吴天祥在百里之外，吃着一碗白菜，陪着100多头猪度过了这个特殊的除夕夜。

"孝子"吴天祥

一部电话、一个笔记本、一辆自行车，是吴天祥做信访工作的三件宝。20多年里，他走遍了武昌区的大街小巷，骑坏了16辆自行车，写下了24本民情日记。他每个电话必回，每个投诉必访。大家都说，别人都是防着穷亲戚，吴天祥是主

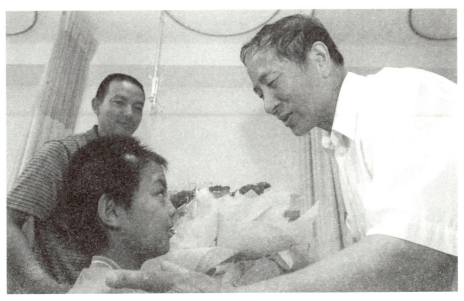

■ 吴天祥（右）看望在武汉接受治疗的四川地震灾区小伤员王武。

动去找穷亲戚。这些年来,吴天祥结下了300多位"穷亲戚"。

88岁的孤寡老人周继珍,是吴天祥多年照顾的另一位"穷亲戚"。

吴天祥说:"老人总是打电话来找我,她说她要记住我,她这一辈子不能报答我,来世也要报答。因为她是盲人,她看不见我,就用双手轻轻摸我的脸,说要记住我的样子。"

一天早上,吴天祥家的电话响了。电话那头说,老人不行了,她反复念叨:"叫天祥来,他是我儿子。"

吴天祥这样描述自己的心情:"老百姓能把我当成他们的儿子,而没有把我当成人民的老爷、人民的上帝,是我最高兴的事情。"

他来到老人床边,不到10分钟,老人就安详地闭上了眼睛。他亲自为老人安葬,在为老人树立的墓碑上,他郑重地落款:孝子吴天祥。

架一座心桥

2009年8月3日,吴天祥收到了当地一位民营企业家的来信,信中邀请他出任企业顾问,年薪20万元。吴天祥在当天的日记中这样写道:"一个月给我100万我也不接受,只要还有一口气,我就不离开这张信访接待桌,我热爱信访工作,雷打不动。"

武汉,号称百湖之市,长江、汉江穿城而过。一座座桥梁飞架南北,成为这座城市的纽带。在这个以桥著称的城市里,吴天祥在政府与群众之间架起了一座特殊的桥。

岸与岸之间需要桥,心与心之间也需要桥。

我从小心就软，看不得别人遭罪，别人一遭罪，一有困难，我心里就不舒服。别人高兴了，别人幸福了，我心里就踏实了，我也高兴了。

——林秀贞

爱管闲事的贞姐
——林秀贞

　　林秀贞常常提起母亲当年对她的教诲。母亲是对她一生影响最大的人。林秀贞的母亲常常对她说："人人管闲事，世上无难事；人人都帮人，世上没穷人。"这也成了林秀贞家的家训。

"有了你，就不用它了"

1976 年冬天的一个中午，林秀贞端着两碗热腾腾的饺子，推开了邻居朱书贵老人的家门。林秀贞看到老两口正坐在炕上吃着冷稀饭，锅边上还结着冰碴儿。林秀贞的心里顿时泛起一阵酸楚，眼泪不由得掉了下来。

朱书贵和刘秀焕两位老人无儿无女，数九寒天，已是古稀之年的他们只能冰锅冷灶地凄凉度日。林秀贞看在眼里，记在心上。回来后，林秀贞把事情讲给丈夫朱金英，并对丈夫说，咱们把他们养起来吧。丈夫欣然同意。

就这样，两口子开始忙着买煤、生炉子、买新锅……让两位老人过了一个暖暖和和的冬天。

年复一年，老人早已把林秀贞当成了亲闺女看待。到了第四个年头，老人叫来林秀贞，拽着她的手说："妮儿，你来，我跟你说……"说着，老人颤颤巍巍地抽出窗台下的两块砖，揭开了一个隐藏了多年的秘密。

原来，老人从窗台下拿出了两盒安眠药，林秀贞见状，不由心里咯噔一下，连忙问："您这是……"

老人说："我和你六爷爷这么商量的，说咱俩都老了，如果一个人瘫在炕上，另一个人

■ 2006 年 8 月 20 日，林秀贞在家中给她赡养的智障老人朱书常喂饭。

就来伺候，如果两个人都瘫在炕上，咱就一人吃一瓶，睡死算了。妮儿，我跟你说吧，有了你，就不用它了。"

在林秀贞的精心照顾下，两位曾濒临绝望的老人过上了幸福的晚年生活。1983年冬天，两位老人先后过世了。当时林秀贞每月工资不过30元，为了给两位老人办理后事，她不仅花光了自己的全部积蓄，还向亲友借了370元。给老人办完丧事的第二天就是大年三十，村子里家家都张灯结彩、笑语欢歌，可林秀贞一家人却还沉浸在悲痛中。从那以后，村里人都尊敬地称林秀贞为"贞姐"。

送走了两位老人，林秀贞义务赡养老人的举动却没有停止。30多年来，她先后为5位与她和她的家人没有任何血缘关系的老人养老送终。

"秀贞做的这些事，说也说不完。她为了这些老人，吃了不少苦，受了不少累，她的付出，换来的是这些老人的幸福。"这是村支书刘福才由衷的感受。

一生最大的遗憾

人们或许会问，林秀贞为什么会30年如一日，默默无闻地照顾6位非亲非故的老人呢？因为林秀贞牢记母亲的教悔："人人管闲事，世上无难事；人人都帮人，世上没穷人。"这也成了林秀贞家的家训。

1999年寒冬时节，身患白血病的母亲病情加重。林秀贞既舍不得离开生病的母亲，又担心村里的几位孤寡老人。而当林秀贞给朱淑芬老人送完饭匆匆赶回家的时候，母亲

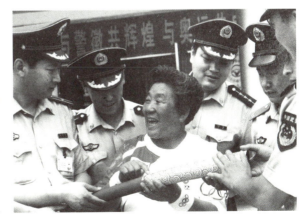

■ 林秀贞在向官兵介绍奥运火炬。

刚刚咽气。这位给村里5位非亲非故的老人养老送终的好女儿，却没能守在自

■ 电视连续剧《贞姐》的主演小香玉（右）和贞姐原型林秀贞在拍摄现场交谈。

己的母亲面前送她走完最后一程。这也成了林秀贞一生最大的遗憾。

"新妈妈"

岁月流逝，林秀贞赡养的老人在衣食无忧的日子里相继去世了，而林秀贞的家里又增添了新的成员……

1998年1月，林秀贞在火车站候车的时候，一个怀抱小孩的妇女坐在她的身边，对她说："大姐，你帮我看一会儿孩子，我去茅房。"

然而，这个妇女再也没有回来。林秀贞打开襁褓，里面的一张字条上写着孩子的生日，还有两行字：不要再找我了，我已经走了。就这样，林秀贞成了这个孩子的"新妈妈"。

孩子刚抱回来时，身体很虚弱，林秀贞夫妇就给他买最好的奶粉；孩子夜里爱哭，两口子就彻夜抱着哄着。尽管如此，这个先天不足的孩子还是出事了。

一天，夫妇俩发现孩子嘴唇发紫，呼吸困难，两口子马上抱着他蹬自行车来到县医院。诊断结果是：先天性心脏病。

丈夫朱金英回忆当时的情景说："跟秀贞一商量，我们俩决定马上去北京，上大医院给孩子看病，用最好的药，找最好的大夫……还真是不赖，挺幸运，孩子好起来了，现在挺健康活泼。"

13个孩子的"妈妈"

这个被亲生母亲抛弃的孩子找到了自己的新家，而另一个来自贫困家庭的孩子却在为没钱上学而愁眉不展。

河北衡水南臣赞村村民刘桂君说："2000年，我家老二考上大学，接到通知书时，心里甭提那个高兴了，可通知书上写着要交6 000多元钱，心里就觉得有点发愁……"

眼看开学的日子一天天临近了，孩子的学费还是没有凑齐。就在一家人心急如焚的时候，林秀贞主动找上了门。

刘桂君说："有一天，我听见有人敲门，开门一看，是贞姐来了，她说她给孩子拿来了2 000元学费。当时我心里那个激动啊，真想给贞姐跪下了。"

此后，林秀贞又先后资助了13名贫困学生，其中两个还在读书，但他们到底是谁，林秀贞从来不说，怕给他们造成不必要的心理负担。她至今还在后悔，资助第一个学生的时候，不应该当着孩子的面把装着钱的书包交给家长。

残疾员工的好厂长

贫困学生在林秀贞的资助下走出了小村，在灯火通明的城市里开始了新的生活。而村中的那些残疾人，却只能待在自己的屋子里，看不到未来。

南臣赞村村民裴凤仙患有先天性残疾，家里生活也很困难。一天，林秀贞找到了她，对她说："妮儿，我那厂子里有能坐着干的活，你去我厂子上班吧，一天10块钱，管吃饭，你说怎么样啊？"

裴凤仙在家待了这些年，从没

■ 林秀贞（左一）在传递奥运圣火。

想到自己还能有工作的机会，于是兴奋地答应了下来，第二天便来到厂子上班。

林秀贞的厂子规模不大，却一共有 8 位残疾职工。之前赡养老人、资助贫困学生的钱大多来源于这家工厂。而现在，村里的残疾人在这里实现着他们的价值。

贞姐的快乐

从1976年开始，林秀贞先后为5位老人养老送终。朱书常老人患有先天智力残疾，生活无法自理，林秀贞义务赡养老人近30年。她资助了至少14名贫困孩子上学，安排了8名残疾农民在自己的工厂里就业。林秀贞还出资4万多元帮助修建学校，而拥有两家工厂的林秀贞，却依然住在三间旧房里。

■ 林秀贞被授予全国优秀共产党员称号。

林秀贞这样说："我从小心就软，看不得别人遭罪，别人一遭罪，一有困难，我心里就不舒服。别人高兴了，别人幸福了，我心里就踏实了，我也高兴了。"

一辈子做好事，是人生无尽的快乐。

罗映珍很用心，用真心、用爱心去照顾自己的老公，和一般的
人不一样。

——沈彩虹

唤醒生命的日记
——罗映珍

服侍丈夫睡着后，罗映珍打开台灯，像往常一样开始记日记。

"'罗映珍，老婆娘……'多少天了，这个声音一直在呼唤着我，可是我却觉得他离我是那么遥远。这些日记是我写给他的信，真希望能够听到他更多的声音。"

天降灾祸

丈夫出事那天的情景好像就在眼前……

2005年国庆节,在云南省临沧市永德县公安局工作的罗金勇,头一天赶了一天的山路回到家,第二天就陪着妻子罗映珍回娘家。难得的假期让小两口沉浸在无限的爱意里。

半路上,车上来了三名男子,他们手提包裹,神色慌张。当车再次停下时,罗映珍去了厕所,罗金勇则在出示证件后开始对三名可疑人进行检查。三名凶狠的歹徒见事不好,乘罗金勇不备将其打昏,又捡起路边的石块和圆木猛击他的头部。等到妻子罗映珍闻讯赶来时,罗金勇已经倒在了血泊里。

■ 儿时的罗映珍(左)聪明伶俐,是全家人的希望。

"还没有到现场的时候,就听到一个小孩子说上面打人了,打架了,打架了。因为我本身也是学医的,就想赶快跑上去。我一眼认出我爱人的衣服……"罗映珍说,"我就喊他,但他已不会答应了。头上的血直往外流,都可以看得到血已经渗到身下的土里了。"

罗映珍说:"等到县上派来的车到了,缉毒队的队员们也到了。队长问我,怎么回事?怎么回事?当时罗金勇在我的怀里面,伸出一只手挣扎着说,'800多克。'"

"800多克",这是罗金勇受伤之后留给战友和妻子的最后一句话。

经过初步检查,医生发现,仅罗金勇的头部就被砸了五个窟窿。重症监护室外,病危通知如同夏日的蝉鸣,一刻不停地拷打着罗映珍。从县医院到市医院,再到后来的省医院,短短两个月,罗金勇就经历了四次开颅手术。

罗映珍年轻时的照片。

罗映珍说:"我看他越来越严重了。他的呼吸声、各种症状、各种反应都证明已经形成脑疝了。生命体征波动非常大,心跳、呼吸、体温,真的很吓人。当时医生、专家都说他活不下来了。"

日记诉衷肠

面对如此的艰难,这个单薄的身影该如何树立坚持的勇气呢?

"老公,快醒来吧！我们说过'执子之手,携手白头',请你不要放手,永远不可以放手。"在一个笔记本上,罗映珍给睡梦中的丈夫写了第一封信。

罗映珍说:"第一次写了很多,好像有13页。这样写啊,写啊,包括我们两个人平时说过的一些话,对未来的一些憧憬。从那次以后,我就每天都给他写,我想我要把它记下来,每一天发生的事情,每一天的变化,我要为他做准备,等着他醒过来。"

由心爱的人书写并诵读的信件,相爱的人一定能够听见——即便是在无意识之中。罗映珍怀着这种信念,开始了她的书写读诵历程。在信里,她与心爱的人一起重温相恋时的柔情和婚后的甜蜜,还有他外出执勤时,家里那盏始终为他点亮的灯。

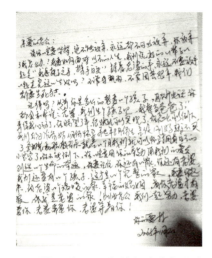

■ 从 2005 年罗金勇受伤后到 2009 年底，罗映珍一共写了 24 本日记。她希望通过读诵这些日记能让丈夫每天都有可喜的变化。

罗映珍的家位于云南省西北部的小勐统镇。这里距离生产毒品的"金三角"仅数十千米。结婚前，性格外向的罗映珍在镇里最受欢迎，她轻快活泼的身影吸引了众多的追求者。一天，罗映珍收到了一小袋果冻。后来，她了解到，偷偷送果冻的男人叫罗金勇，是一名警察。他曾经参与查破贩毒案件 10 多起，抓获毒贩 20 名，英雄的事迹一下子抓住了罗映珍的心。而现在，丈夫躺在自己的怀里，似乎已不能听到自己的心跳。

罗映珍搂着双眼紧闭的老公，给他读自己写的日记："老公，记住，永远记住，你还有一个家，还有一个妻子。将来我们还会有一个孩子，有你才会有老婆的家，才会有老婆的幸福。答应老婆一定要站起来，坚强点啊，好不好？"

手术后的罗金勇躺在病床上，伴随他的是沉重的鼾声和无休止的痉挛。病房里，贴着这样一张时间表："每天翻身、拍背 12 次；打汤、打药 14 次；洗脸、擦身、洗大小便；量血压、测体温、擦口水……"罗映珍知道，只要她稍不留神，一个突发的病症就能将罗金勇推向无底的深渊。医学界有人认为，持续昏迷 6 个月以上就很难再醒过来，而罗映珍，却在这条寻找苏醒的道路上执著地走了 600 多天。

■ 受伤后的罗金勇面部因肌肉松弛而失去棱角，和婚纱照上的他判若两人。

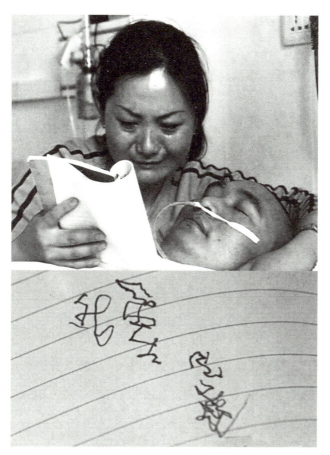

■　罗金勇的轻轻一握，让罗映珍感动得放声大哭。
几个月后，罗金勇的手已经能握住笔，在妻子的日记本上，
他歪歪斜斜地写下了六个字——罗映珍，我爱你。

奇迹发生了

在罗金勇的手机里，保存着一段30秒的声音，这是小两口平时开玩笑的片段。后来，这段声音被罗映珍转到了录音机上，有空就放给丈夫听。

"罗映珍，老婆娘。"

"罗映珍，老婆娘。"

2006年8月20日，正当罗映珍像往常一样为丈夫按摩的时候，一个奇迹发

生了。她感觉到,握在手中的丈夫的手,两年来第一次有了反应,正想努力地抓住她。

罗映珍说:"我经常跟他说,如果你知道的话,你就动一动嘛,动一动手指,握我一下,握一下老婆的手,这样跟他讲。突然有一天就觉得他好像真的动了一下,好像是听到我说了,才轻微地有了反应。哎哟,我的心啊,真的是又惊又喜,不知道是真还是假。"

罗金勇的轻轻一握,让罗映珍感动得放声大哭。几个月后,罗金勇的手已经能握住笔,在妻子的日记本上,他歪歪斜斜地写下了六个字——罗映珍,我爱你。

在罗映珍的呵护下,罗金勇现在已经能够坐起来,能够听懂一些简单的对话。每逢有人前来探望他,他都会当着别人的面非常快乐地亲吻自己的妻子。

2009年10月27日,罗金勇度过了他在病房里的第五个生日。妻子罗映珍的日记也写到了第24本。

艰难中的守护,才能映照爱的坚贞。

叔叔你做了这么多好事，将来你死了以后，一定可以上天堂。

——汶川地震灾区小朋友

终身志愿者
——唐山十三义士

　　这是汶川地震重灾区——北川中学的救援现场，在率先到达的救援队伍中，有一支特殊的小分队，他们共抢救出25名幸存者，清理出60多具遇难者遗体。这支小分队的成员都是来自千里之外燕赵大地的普通农民，他们有一个响亮的称谓——"唐山十三义士"。

　　其实，早在汶川地震前3个月，他们便为一个共同的心愿聚在了一起。

13 兄弟

2008年的大年根上，河北唐山玉田县八里铺村回荡着鞭炮和孩子们的欢笑声，村民宋志永守在电视机前，却怎么也高兴不起来。

宋志永说："腊月二十九那天晚上，我一直没有睡好觉。大约从晚上九点钟开始看电视，一直看到夜里三四点。"

原来是千里之外南方的特大雪灾让宋永志特别牵挂。宋志永禁不住回忆起30多年前，唐山遭受地震大灾难时，四岁的他在震后第三天因重度肺炎而生命垂危，是上海医疗队的医生把他从死亡线上拉了回来。

宋志永说："当时我心里想，要是所有的电力设备都在山上的话，那不是单单你捐几个钱就能够解决的问题呀。"

天亮后，宋志永按习俗去上坟祭祖。在村口，他遇到了几个同样去祭拜的村民。宋志永说："我有一个想法，准备到湖南去帮着救灾。"同村村民王宝忠立马说："既然你要去，我跟你去。"另一个村民王加祥也赞同说："我腿脚也没有毛病，拖不了你们后腿，去就是为了还愿。"还愿，是经历过生死考验的唐山人最朴素的报恩之心。

燕赵大地，自古多慷慨悲歌之士。尽管这些村民的日子并不宽裕，但共同的心愿让13个农民兄弟很快聚在一起，商议自费租辆中巴车去南方救灾，他们中有两对父子、三对兄弟，年纪最大的62岁，最小的19岁，宋志永被推选为队长。

除夕傍晚，宋志永与妻子道别，准备踏上南下救灾之路。

宋志永说："我爱人流泪的时候，我只能跟我儿子说话，我说，小坤啊，爸爸走了，一定要听妈妈的话。说完这句话，上车就走了。在半路上，我感觉到心里其实挺不是滋味的，毕竟咱们肩负这个家庭的责任呢！"

小分队中只有宋志永会开车。一天一夜的长途奔波，他始终没有合过眼，困得不行的时候,只能掐自己的大腿提神。大年初二凌晨,他们赶到受灾最严重的湖南郴州。此时,供电系统已完全瘫痪,这里成了冰雪中的孤岛。

宋志永说:"我们来了十多个农民,到这儿都想帮忙,虽然我们没有修电力的技术,但是我们运材料没有问题,我们有的是力气。"

■ "唐山十三义士"合影。

13个农民兄弟随即被编入电力抢修先锋队,他们转战在山区和村镇间运送供电设备,每天早晨5点出发,一干就是十几个小时。

宋志永回忆道:"当时最难的就是往上抬电线杆,因为一根电线杆1000多斤,山上的路根本没法走,我们得站在雪里边走,往下一踩,雪都没到膝盖以上,但是也得顶着往上走。"

王加祥说:"肩膀头肿得这么高,也得咬牙坚持着。"

最初几天,由于水土不服,他们中的好几个人拉肚子、感冒发烧,都自己悄悄地用药顶着。所有村镇都通上电后,13个农民兄弟也要启程返乡了。依着他们淳朴的心愿,只想悄悄地来,悄悄地走。

宋志永说:"我们回程临出发的时候,来了1000多人,全是自发的。当时我们走不了了,下边所有的人,把我们围得水泄不通啊,全部是拿着东西的,拿着钱的,全部不让我们走。"

王加祥说:"有一个老大姐从70里地外赶来,带着孙女,买了13束花。她看我岁数最大,就把花献给了我。那时候我哭了,我这辈子没有接过花,说句老实话,我现在想起来还很感动,我这辈子也忘不了。"

■ 2008 年 2 月 21 日，河北唐山农民"义务救灾小分队"齐心协力拖运电缆，帮助电力工程人员修复电网。

离开郴州时，13个农民兄弟又将慰问他们的所有物品和3万多元钱，转赠给当地福利院。回到家乡，他们继续过着平凡而简单的农村生活。

汶川地震救援

2008年5月12日，汶川地震突然袭来。地震发生后，13个农民兄弟立即分头赶赴灾区。宋志永当天下午启程。没有飞机，他就乘火车赶到郑州，又坐出租车到西安，再搭摩托车到四川绵阳，后来又步行十几里地，最终到达重灾区北川县城。

宋志永说："到北川以后，一看到那个场景，我就禁不住流眼泪了。"

5月15日一大早，13个农民兄弟在北川中学救援现场聚齐了。他们和救援部队一起，在瓦砾中寻找幸存者。

宋志永说:"第一天上去以后,就救了八九个人。"

随后,13个农民兄弟又赶到安县小坝镇,他们是来这里抢险救灾的第一批志愿者。十几天中,他们搭建了300多顶帐篷,装卸救灾物资上百吨。

在一间坍塌的办公室里,宋志永找到一面国旗。13个农民兄弟手递手将国旗立在小坝镇的废墟顶端,他们传递的是重建家园的勇气和信心。

大灾大难面前,一只只温暖的援手,让人们在感动中振作,在绝望中重生,去迎接新生活的阳光。

在救灾安置中,让宋志永更着急的是:由于校舍被毁,一些孩子被迫暂时失学。一个月后,13个农民兄弟和社会各界在唐山玉田县捐建了一所"爱心园",宋志永带着246个地震灾区的孩子来到自己的家乡,孩子们开始了新的学习生活。这些孩子大多在地震中失去了亲人,宋志永几乎每天都来学校,像对待自己的亲生儿女一样无微不至地照料着他们。

2009年的农历大年三十,宋志永和孩子们一起吃年夜饭,他心里感到特别踏实。两个孩子搂着宋志永说:"叔叔你做了这么多好事,将来你死了以后,一定可以上天堂。"听了孩子特别单纯的这句话,宋志永的眼泪禁不住流了下来。

终身志愿者

从南方雪灾到汶川地震,对这13个普通农民来说,最大的变化是,他们要做一名终身志愿者。

让我们记住这些农民兄弟的名字:

宋志永、王加祥、宋志先、宋久富、王德良、王金龙、杨国平、杨国明、杨东、王宝国、王宝忠、曹秀军、尹福。

他们用自己的行动,告诉我们"兄弟"的含义。

■ "唐山十三义士"在北川中学瓦砾中寻找幸存者。

把我运回兰考，埋在沙堆上，活着我没有治好沙丘，死了也要看着你们把沙丘治好！

——焦裕禄

永远的榜样
——焦裕禄

每年的清明，都有成千上万的人来到河南兰考，祭拜焦裕禄。2011年，焦裕禄离开我们已经整整47年了。

二胡情深，给焦裕禄带来了爱情

1964年焦裕禄去世时，焦裕禄三女儿焦守云才6岁。在她幼年的记忆中，爸爸浓眉大眼高鼻梁，是一个英俊挺拔的人，而且他还特别喜欢拉二胡，爸爸悠扬的二胡声一直在她的记忆中飘荡。

在兰考县焦裕禄纪念园里，焦裕禄墓碑上的那张照片就摄于新中国诞生的1949年。那一年，焦裕禄27岁，是河南尉氏县一名年轻的团干部。焦守云说，这张照片也是爸爸最早的一张照片。

焦守云的母亲徐俊雅出生于尉氏县的书香门第，她喜欢唱歌，由于共同的爱好，这位18岁的姑娘喜欢上了外貌俊朗、能拉会唱的焦裕禄。

焦裕禄与妻子。

焦守云曾经说起过她所知道的父母年轻时的经历：开始的时候，妈妈是听爸爸拉二胡，后来他们就一起唱歌，两个年轻人在歌声中慢慢地走到了一起。

就这样，他们组成了一个温馨的家庭。二胡情深，成了他们的爱情和弦。

风沙弥漫中，焦裕禄来到了兰考

1962年冬天，兰考火车站里挤满了外出逃荒的灾民。

这时正是豫东兰考县遭受内涝、风沙、盐碱三害最严重的时候，加上连续三年的自然灾害，粮食产量下降到历年来的最低水平。

就是在这样的关口，组织上派焦裕禄来到了兰考。

第二天,当大家得知焦裕禄是新来的县委书记时,他已经下乡去了。

在焦裕禄的带领下,兰考制定了治理三害的蓝图,在全县展开了大规模的追洪水、查风口、探流沙的调查研究工作。那时候,焦裕禄正患慢性肝病,许多同志担心他在风雨中奔波,会加剧病情的发展,劝他不要参加。他说:"吃别人嚼过的馍没味道。"

兰考县老韩陵村村民张树田一直记着那天,在瓢泼大雨中,焦裕禄来到了老韩陵村,他赤着脚,把裤子挽到膝盖以上,到村里转了转,就冒雨下地查看灾情去了。

■ 邮电部于 1992 年 10 月 28 日发行《党的好干部——焦裕禄》纪念邮票。

葡萄架村,是兰考最偏远的一个村庄。1963年春,村里一名叫张徐州的小孩患了重病,奄奄一息。

张徐州在逃荒途中生在徐州,所以父母就给他取了这个名字。张徐州家非常穷,连饭都吃不上,哪儿有钱给孩子看病呢?看着病

■ 焦裕禄的家人 1966 年合影。

重的孩子,张徐州的父亲一筹莫展,想着把孩子扔掉算了。

这时候,焦裕禄来到了葡萄架村。

焦裕禄发现院子里有人哭,就走了进去,当他看到奄奄一息的张徐州时,把他从筐里抱了出来,摸了摸,发现这个孩子还有一点儿气。

焦裕禄立即联系县医院给孩子看病,回城后他又送来了医药费。后来,捡回一条命的张徐州有了一个新的名字——张继焦。

在兰考,像葡萄架村一样的大队一共有140多个。焦裕禄在兰考的470多个日子里,跋涉2 500多千米,跑遍了其中的120多个大队,他风里雨里的身影让36万兰考人感到了温暖和力量。

这时候,焦裕禄忙得再也没有时间拉二胡了。

盐碱地上,焦裕禄像一棵挺拔的泡桐树

1963年的秋天,焦裕禄带领大家栽种的泡桐树都成活了。

兰考县老韩陵村村民张树田回忆说,焦裕禄来兰考之前,老盐碱地上什么树木都没有,站在村头能一眼看到县城。焦裕禄把泡桐树苗培育出来后,指导这里的群众把泡桐树种上。

■ 江泽民等领导同志为纪念焦裕禄同志逝世30周年题词。

泡桐树耐盐碱,抗风沙,成长快,木质好,最适合在沙区栽种。在焦裕禄的带动下,泡桐树在兰考逐渐成林。

刘俊生是原兰考县委的宣传干事,一天他随焦裕禄下乡去,走到一处泡桐林时,看到这些茂密的泡桐树,焦裕禄非常高兴,他把车子一放,喜气洋洋地向

那片泡桐林走去。趁焦裕禄没注意，刘俊生拍下了一张焦裕禄和泡桐树的合影，这就是大家都熟悉的那张照片。

照片上的焦裕禄非常消瘦，由于过度劳累，这时候焦裕禄的肝病已经很严重了。

焦裕禄三女儿焦守云回忆说，当时县委一个老同志背着他开了三服药，焦裕禄一看，每一服药需30块钱，他觉得很心疼，就说："兰考县还这么穷，你让我吃这么贵的药，我怎么能咽得下去啊。"

■　因为肝疼得太厉害，焦裕禄就拿一把刷子，一头顶着肝部，一头顶着藤椅来批阅文件。时间久了，藤椅的扶手被顶出了一个洞。

焦裕禄的肝病不断发作，有时疼得连笔都拿不住。许多同志劝他到外地治疗，他说："现在是兰考治理三害最关键的时候，我怎么能在这个时候离开呀？"

焦守云最不愿回忆爸爸的一个场景是：焦裕禄夜里睡不着觉，就起来继续工作。因为肝疼得太厉害，他就拿一把刷子，一头顶着肝部，一头顶着藤椅来批阅文件。当刷子顶着都不管用的时候，他就蹲到地上，这时候一米七六的焦裕禄整个人就蜷缩成了一团。

到了1964年，焦裕禄的病情开始恶化。在组织的干预下，焦裕禄终于同意去看病，这时，离他生命的终点仅仅只有21天。

焦裕禄的夫人徐俊雅当时才32岁。临终前，焦裕禄一再劝她说："俊雅啊，没想到我走得这么早，我走了以后，一定不能随便伸手向组织上要钱、要东西，一定要把几个孩子培养成为对国家有用的人才。"

1964年5月14日，焦裕禄永远闭上了眼睛，那一年，他只有42岁。

"焦桐"变成了"绿色银行"

■ 焦裕禄同志的光辉事迹教育了成千上万的党员和群众。许多人从各地纷纷写信给中共兰考县委，表示向毛主席的好学生焦裕禄同志学习。这是来自全国各地的信件的一部分。

焦裕禄在兰考连个标准像都没有留下。开追悼会时，只好选用他在1949年拍摄的那张照片。焦裕禄最后的形象，永远定格在了那个年轻的时代。

"把我运回兰考，埋在沙堆上，活着我没有治好沙丘，死了也要看着你们把沙丘治好！"焦裕禄的遗言，激励着兰考人治沙治穷。

如今，兰考早已变成豫东的粮仓，板材加工企业有400多家，年产值50多亿元，泡桐树的开发已占据兰考经济的半壁江山。人们说，这是焦裕禄留给兰考人民的一座"绿色银行"。

这其中，乐器企业24家，而泡桐树正是做乐器的好材料。

二胡情深，曾打动妻子的心。在兰考，焦裕禄谱写的一曲生命绝响，到现在，仍然打动着亿万人民的心！

焦裕禄身后的那棵泡桐树，如今已长得枝繁叶茂，被人们称为"焦桐"。

在那片片绿色的泡桐林里，人们仿佛看到了焦裕禄挺拔的身影。

■ 泥塑：兰考群众因遭受自然灾害，生活困难，焦裕禄（中）去慰问他们，和他们亲切交谈，鼓舞他们树立起同大自然作斗争的信心。

我常想，并不是我的事迹感动了党和人民，而是党和人民的关心、关爱感动了我。

——韩素云

为了爱的承诺
——韩素云

上世纪90年代热映的一部电影片名叫《军嫂》。影片中的主人公"韩素云"几乎成为军嫂的代名词。其实，这部电影就是根据真人真事改编的，现实中的原型就叫韩素云。

沉甸甸的爱的承诺

每当韩素云看到家里为数不多的几张"全家福"，总有许多感慨，一家人聚少离多，想多拍几张"全家福"都成了奢望。

韩素云说："也就是我刚来部队那年，一个战士帮我们一家照了好几张照片。后来'全家福'一直没有照成，家里的人一直都不齐，有的上学，有的打工。"

望着"全家福"，20多年前的那一天又浮现在素云眼前。那是1983年，素云和倪效武刚刚定亲就赶上广西边防部队到山东征兵。效武一心想应征入伍，可家里一大堆困难把他难住了。

那时，倪效武家里只有他父亲一个是强劳动力，哥哥不在家，弟弟小时候

■ 韩素云与丈夫和女儿。

落的眼疾几乎造成双目失明，还有两个双胞胎妹妹在上学，奶奶已经80多岁了。有时候春天来了，家里甚至连咸菜都吃不上！那时候大家都困难。

倪效武忧虑地说："当初我决定去参军之前，考虑到家里的这些困难该怎么办时，很苦恼。"而韩素云坚定地说："你当兵就是为了国家，为了祖国，你不可能在祖国最需要你的时候退出。"

就这样，在效武犯难的关键时刻，定了亲却未过门的素云给他吃了定心丸。一个爱的承诺，让一位女人勇敢地挑起一副生活的重担。

■ 韩素云与女儿。

未过门的媳妇

效武走后，没正式过门的素云不顾父母的反对住到了效武家，每天起早贪黑照顾生病的老人和效武正上学的弟弟妹妹，家里的农活基本都由她一个人干。

爽朗的韩素云说道："来到这边以后，就凭着自己的年轻嘛！我感到多干一点也不要紧。"

未过门的媳妇成了婆家的顶梁柱。为了补贴家用，素云想方设法外出赚钱。听说离家几十千米外的苹果价格便宜，素云便约上两个平时要好的姐妹去拉苹果回来卖。每次去拉苹果，素云都是吃过晚饭就走，赶一夜路到苹果批

发站,天亮了之后把购进的苹果拉到集市上卖,卖完了赶紧往家走,第三天晚上才能回到家。

倪效武说:"素云作为没有过门的一个女同志,为我支撑着这个家,无形中给了我一种强大的动力。当兵两年后我考上了军校,就是想争口气,让素云以后过上好生活。那个时候我曾写了这么一首诗:吃苦、吃苦、再吃苦,向前、向前、再向前,不达彼岸,誓不心甘。句句都是我的肺腑之言!"远在边防部队的效武一门心思扑在部队上,曾先后被评为优秀团员、班长标兵,又考上军校当了排长,先后十多次受到嘉奖。

素云在倪家一住就是4年,靠着省吃俭用,不但还清了倪家的欠账,还为倪家翻盖了新房。1988年2月,在倪家住了4年的素云终于过了门。新婚刚过,效武又回到千里之外的边关,而素云则继续在倪家忙里忙外。

沉重的负担让她患上"新癌症"

纵然丈夫效武频频以鸿雁传书,寄来对家中的牵挂,但毕竟相隔千里,素云常常悄悄拿起效武的照片,默默地流下思念的泪水。另外,效武奶奶去世时,素云担心效武受到打击太大,强忍悲痛瞒着效武独自料理了奶奶的后事。

韩素云这样认为:"既然上了前线,就要干好自己的工作。"

1989年的农忙时节,身怀六甲的素云也没能歇息。直到女儿出生的前几天她还在家里家外忙活。素云是晚上九点多生产的,第二天她早早就起来,为家人和新生儿忙活。孩子刚满月,她又照样下地干活去了。月子期间的劳累给素云埋下了病根,随着日子一天天过去,素云总感觉双腿骨头酸痛,甚至坐下以后再起来的第一步都迈不出去,必须站起来以后腿摇一摇、活动活动才能走,否则就会摔倒。

到了1993年,她的双腿已经难以站立了,但她仍瞒着远方的丈夫,不愿他为家中的事分心。素云有了病之后没有告诉任何人,仍然坚持干活,如果疼得厉害就吃止痛片应付了事。

要不是效武妹妹写信通知他,效武一直不知道妻子的病情,而当他知道时妻子已经病得比较重了。当时效武立马写信要求她们过去,并到处打听怎样医治,素云却轻描淡写地说没什么大事儿。在效武的一再坚持下,素云才同意上了医院。

经过诊断,素云患上了被称为"新癌症"的"股骨头缺血性坏死症",主要是劳累过度加上营养不良,造成怀孕期间内分泌紊乱引起的。这个消息就像在素云和效武的头顶炸开了一记响雷。那时候素云确实很悲观,

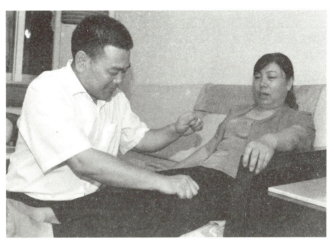

■ 丈夫倪效武在为韩素云按摩有病根的双腿。

她说:"孩子还小,我又干不了活,那不是一个拖累吗?我有时候甚至想寻短见,我感到活得太辛苦了。"

而这时,效武的关心体贴给了素云莫大的信心。

效武回忆道:"家里那么困难,那么多年我不在家,我心里也很清楚她会吃不少苦的。我一心想给她治好这个病,所以就到处筹钱,比如说部队发了双皮鞋我都会拿去卖了。"

爱的奉献获得希望

就在夫妻两人陷入困境的时候,效武所在的部队官兵们自发组织为素云

捐款。媒体的报道也引来了更多热心人士的关注。远在广州一所医院的老教授看了素云的事迹报道，马上主动联系上了她，希望把她接过去，由教授所在的医院免费给素云治疗。教授为她做的手术很成功，素云终于又站了起来。

十几年后，素云怀着感恩的心回到了广州，看望当初为她治病的医生。如今，素云和效武的女儿倪前前已经长成了大姑娘，也逐渐读懂了自己的母亲。倪前前说："妈妈只是军嫂的一个代表，其实千千万万的军嫂都很辛苦。"

朴实的韩素云认为："我常想，并不是我的事迹感动了党和人民，而是党和人民的关心、关爱感动了我。"

韩素云，一位优秀的军人妻子，一位好军嫂，因为爱的承诺历尽了人生的艰辛，也因为爱的奉献获得了更幸福的人生。

给爱一份承诺，就能还我们更多希望。

我一定要照顾好两位老人和弟弟。从来没有后悔。

——谢延信

一诺千金
——谢延信

阳光洒在村子的屋顶上，一段熟悉的旋律飘荡在村子的每一个角落。"咱们俩在学校，整整三年……"豫剧《朝阳沟》的旋律从一部老式收音机中传出。

许诺

　　1973年,21岁的河南滑县小伙刘延信与同村姑娘谢兰娥喜结良缘。随后他们有了小女儿——刘变英。不幸的是,妻子因患产后风,在女儿出生40天后撒手人寰。妻子临终前,拉着延信的手嘱咐道:"俺走后最放心不下的是咱的闺女、咱爹娘和傻弟弟,你今后要替俺照顾好爹娘和咱兄弟,俺在九泉之下也感

■　谢延信(前左)和岳母等在一起。

激你。"面对临终的妻子,延信许下了诺言。

　　谢延信回想起妻子去世时的场景,不禁哽咽:"她当时交代过,一定照顾好她弟弟、她父母。我也承诺我一定要照顾好两位老人和弟弟。从来没有后悔。"听了他的话,人们深深地体会到这份承诺的坚决。

　　兰娥走的时候,家里的光景特别难。岳母因患有肺气肿,丧失了劳动能力,

唯一的内弟先天呆傻，生活难以自理，只有岳父一人在100多千米外的焦作煤矿上班。再加上襁褓中的女儿，延信肩上的担子很重、很重……

生活的重担一次次地压在延信的肩头，他却从来没有低过头。

谢延信岳母冯季花一提起自己女儿的事就十分难过，她心酸而又感激地说："我寻思我闺女，一下子没了，这天就塌了，我心里多难受。如果延信不在这儿，俺这一家人就都没法过了。"

为了让岳母一家人坚信，他决不会

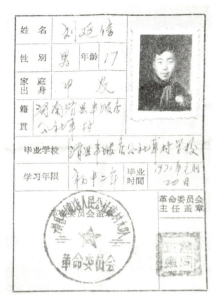

■ 谢延信的毕业证书。

放弃这个家，刘延信把名字改成了谢延信。曾经那张17岁时的毕业证书还写着的"刘延信"，如今却已被大伙儿称之为"老谢"了。

关于改姓的事，延信一家还开会讨论过，全家都反对他改姓，但又犟不过他。谢延信三哥刘延胜说起延信这个脾气，"只要认准了路，他认为是正确的，他就一直走下去，谁说也不行。比如他改姓的事……"

谢延信却十分坚决："我不改姓怎叫岳父母相信？为了叫他们相信我才改姓。当时我哥、我娘、我爹都不愿意，我寻思一定要改，要下这个决心。"

是女婿更是儿

可是祸不单行，1979年，在焦作煤矿上班的岳父突然中风住了院。这一住就是三个月，延信每天守在岳父床边尽心照料。

岳母冯季花心疼起这个女婿，说："腊月天他还在地上睡，我去了，就问他，亮儿（延信）你睡在地上冷不冷啊，他回答说不冷。那是个急救室，他就躺在

■ 谢延信（右）在为亡妻的傻弟弟剪指甲。

墙根的床边。医院的人都以为他是我儿子，我说是我女婿，他们就夸我这个女婿好，伺候得好。"

岳父的命保住了，却瘫在了床上。岳父吃的中药里有一味药是蝎子。为了省钱，谢延信自带干粮到离家20多千米的山上抓蝎子。听说冬瓜皮、茅草根可以利尿通便，他就到野地去挖，每天给老人熬水喝。每天延信都穿梭在山路上、树林中，一挖 就是一天。

谢延信当年的邻居赵国堂回想起当初的情形说："因为他岳父在屋里长期躺着比较寂寞，有时候谢延信就背他出来晒晒太阳，听听豫剧，两个人在一块打着节拍，一起哼着唱。外人看见他们，都以为是父子俩，我想亲儿子也很难做到这一点。久病床前无孝子啊。"

女儿刘变英提起一次难忘的经历，她的眼眶逐渐湿润了："有一次我来这里看望我姥爷和父亲，我姥爷那时候大便干结，我扒着门缝看，我父亲正在给我姥爷抠大便。"

女儿称他"叔叔"

岳父60多元的病休工资养活不了全家4口,延信抽空就去打零工,挣钱补贴家用。由于家庭条件差,好脾气的延信却因为一盒胭脂和正当花季的女儿发了火。

女儿刘变英回忆起当年说:"那时候我都十五六岁了。过年的时候,我相中了一盒胭脂,就把它买了回来。到家跟我叔叔(延信)说,当时我叔就跟我急了,把胭脂都给我摔了。他生气了。他说咱不能跟人家比,钱该花的花,不该花的别花。从那以后30多年,我没有买过化妆品。"为了尽心照顾岳母一家,谢延信无暇照料自己的亲生女儿,只得把女儿送回自己父母家。直到如今,谢延信的女儿还称呼自己的父亲为"叔叔"。每当说起自己的女儿,平时乐呵呵的延信就沉默了。

说起往事,刘变英的眼泪落了下来,"那时候我大概有六七岁,他跟我同村的姥爷骑车回家了,他给我买了一条红围巾。他拿着围巾问我好看不好看,我不理他,他就使劲拽我,我也不到他怀里去,好像他是陌生人一样。"

顽强的人生

1983年,谢延信顶替岳父成了朱村矿掘一区的一名工人。谢延信工作20多年,无论在什么岗位,干一行,爱一行,从没有因家庭拖累而影响工作。

焦煤集团党委宣传部副部长薛长明一说起谢延信就十分感慨:"1996年,我第一次接触谢延信的事迹,第一次走进他的家,第一次见到他本人。当时他家里非常简陋。在那么困难的条件下,他仍显得很乐观、很自信、不沮丧。谢延信不管在任何岗位,都让领导非常放心。"

妻子谢兰娥去世后,有人给延信介绍对象,可是对方一听他的家庭情况,

就摇头了。直到10年后，他才与同乡谢粉香结合。

过重的家庭负担拖累让老谢付出了健康的代价。2003年谢延信因脑出血住院抢救。

谢延信岳母冯季花叹息道："亮儿（延信）没有好命，得了这个病成天离不了药。我看了心疼，我说亮儿（延信）你可真是命苦啊。"

由于脑出血的影响，谢延信的记忆力和表达能力都衰退了，当人们问起他这些年的事情时，他说的最多的是"我不记得了"。但扎根在他心里的，依旧是他的承诺。这个承诺，让人们明白了一诺千金的含义。

有一种感动叫平凡，有一种承诺叫坚守。

■ 谢延信与母亲和弟弟。

虽然官不大，有人说是小芝麻官，但不管是大官小官，为官一任，应该造福一方。这是一个党员干部的责任。

——谭竹青

芝麻小官大胸怀
——谭竹青

2005年12月3日，当了20年十委社区居委会主任的谭竹青积劳成疾，不幸病逝。

谭竹青在最后的日子对女儿宋秀杰说："妈妈没给你们留下啥。把妈那些奖章留好，做个纪念……"

"谭姨"

■ 谭竹青（右二）与同事讨论生产情况。

1977年的冬天,格外寒冷。那时,十年动乱刚刚结束,长春市东站街道十委社区到处是破败不堪的景象。

那时的生活令很多十委社区的居民至今都不愿回首……

居民何桂贤说:"我家住的是小棚子,四处漏风,灌在暖壶里的水,早上起来都冻成了冰。"

居民杨素玉说:"冬天下雪,屋里飘雪花;夏天外边下大雨,屋里下小雨,锅碗瓢盆一起响。冬天,儿子写作业,手都冻得青一块紫一块的。"

时任十委社区居委会主任的谭竹青深知居民生活的困难,但是,在那样的年代,许多事谭竹青也无能为力。1978年,改革开放的春风吹遍祖国大地,谭竹青意识到改变社区面貌的时机到来了。有人却疑虑地说:"一个小居委会,能办成啥大事?"的确,过去的居委会在人们的印象中只不过是"几个小脚老太太、白发老爹爹,看看门,发发老鼠药"。然而,谭竹青心里却憋着一股劲儿,大事干不了,先从小事做起!

先从小事做起

曾经和谭竹青一起共事过的居民赵惠君回忆说："当时看到东站十委社区的居民买早餐非常难,买点儿主食都得排长队,谭姨就跟我们这些居委会成员坐在一起商量,说咱们得办个小吃部。"

然而,办小吃部,对当时的居委会来说,困难重重。那时候居委会买点儿办公用纸都得谭竹青自己掏腰包。没有资金,谭竹青就把家里仅有的450元钱拿出来,那是她的全部积蓄。

居民袁淑清道出了这450元钱的来历:"那个时候要拿出四五百块钱来,哪是容易的事啊! 姨夫说他省吃俭用,还是让谭姨都要了去。"

为了节约每一分钱,没有铺面,谭竹青就带领居委会的干部自己盖。大家顶着大风挖沙子,挖得浑身上下都是沙子。砖头只能从拆旧房子的地方去捡,可是,那时候想找个拆迁的地方可不是一件容易的事情,能捡到一块砖头,甚至是半块,大家都像捡了块金子似的。

人心齐,泰山移。很快,十委社区的第一个区办经济——如意小吃部建成了。

建成只是第一步,经营才是更艰巨的任务。为了方便群众,居委会的人天还没亮就要爬起来,购买做早点用的原料。

何桂贤深有感触:"那时候一个酥饼只挣一分钱,真没有多大利,不就是为了方便群众嘛!"

小燕垒窝,一点点攒,赚来的钱谭竹青一分也不拿。她知道,让大伙儿过上好日子还有一段漫长的道路。

为了孩子

上世纪80年代初,十委附近还没有一家幼儿园,无人看管的小孩只能在街道上玩耍打闹。谭竹青最看不得孩子们受苦。谭竹青自小父母双亡,年幼的她曾领着弟弟流浪街头。解放前夕,姐弟俩一连七天七夜没吃上一顿饭,眼看着快要饿死了,幸亏解放军及时赶到,让姐弟俩重获新生。

谭竹青的女儿宋秀杰回忆起妈妈跟她讲过的话:"没有共产党,就没有我和你舅的今天,也没有咱全家的今天。"

居委会有了一些积蓄,谭竹青立即找来技术人员画出了幼儿园的设计图纸。然而实地选址测量时,正好需要拆掉她家的半间房,可是,谭竹青家的整个房子仅仅25平方米。

何桂贤和其他居民都不同意她这么做:"谭姨一家人肯定是住不下的。当时她家七口人,住得非常挤,再拆半间房,那就得到外边住去了。"

女儿宋秀杰也有些埋怨母亲:"今天盖这个,明天盖那个,盖来盖去,自己家的房子还得拆了盖托儿所。"

谭竹青却有自己的主意:"不行!我宁可把自己家拆除一块儿,也得让孩子们待在宽敞明亮的大房子里。"

就这样,25平方米的房子被拆掉了一半。1984年,十委社区的第一个幼儿园建起来了。

说起这事儿,赵惠君的眼睛湿润了:"新建的幼儿园正好贴着谭姨家房子被拆

■ 谭竹青闲暇时到托儿所看望孩子们。

除的那部分，施工时不小心把谭姨家房子上的油毡纸弄掉了。一场瓢泼大雨过后，雨水从掉了油毡纸的地方全都灌到谭姨家里去了，屋里的东西都被冲跑了，害得她儿媳妇连自己的鞋都找不到了。"

为了老人

谭竹青一家七口人在一间不足15平方米的小房子里一住就是10年。风风雨雨、寒来暑往，谭竹青的黑发变成了白发，不变的是她每天奔忙在十委街道的身影。修马路、建农贸市场、发展区办企业，越来越多的居民与谭竹青一起，为十委的建设添砖加瓦。大伙儿都说谭竹青"上管天，下管地，中间管着百姓的冷暖疾苦、柴米油盐"。不知从何时起，社区开始流传这样一句话："有难事，找谭姨。"

一天傍晚，居委会来了一位80多岁的老人，只见他老泪纵横，步履蹒跚。他对谭竹青说，自己的儿媳妇对他不孝，把行李从窗户给扔出去了。听说十委居委会有个热心肠的谭竹青，于是，老人怀抱着一丝希望来到十委居委会。

谭竹青说："老爷子你不要上火，也不用着急，这个事儿，我来解决，我管你！"

1987年，十委社区又多了一栋名为益寿院的小楼房，社区内外，无人照顾的老人纷纷来到这里，这里成了他们温暖的家。每年除夕，都是益寿院最热闹的时候，谭竹青带着居委会的干部和老人一起包饺子，过新年。而每每这时，谭竹青家的年夜饭总有一个位子空着。谭竹青和老伴儿依旧住在那间被拆了一半儿的小房子里，那时的十委社区已经发展成为长春市的纳税大户。

为了整个十委

十委社区越是发展，谭竹青越是离不开这儿。女儿宋秀杰的单位分房了，

143

叫母亲搬到新房里住,可是谭竹青却说:"我现在还上班呢! 等我不上班退休了我再到你那儿去。"

谭竹青不愿离开居委会,因为,她还有一个未完成的心愿。

迈向20世纪90年代,中国的经济飞速发展,城市里一片片低矮的平房几年间变成了林立的高楼。看着十委依然破旧的棚户房,谭竹青向大伙儿许下了一个承诺。

■ 这是创业初期谭竹青(右三)和十委社区班子其他成员。

"大家放心,我在三年之内,让大楼从这里拔地而起。"

1994年,63岁的谭竹青开始为十委建房四处奔走。她找到上级领导的家,就坐在其家门口等,直到领导回来。她说:"我就是为百姓做实事,谁都能给我开点儿绿灯。"

就这样,十委被列入棚户区的改造名单。1995年,长春市政府启动十委小区改造工程,先后分三批开发16万平方米。到2005年,已经有近4 000户居民搬出棚户屋,住上了新楼房。

袁淑清说:"谭姨说三年完成改造,结果没到三年,大楼全都起来了! "

　　2009 年，大型纪录片《感动中国人物志》在全国各省级电视台热播后，受到各级领导和观众的好评。李长春同志做出重要批示，建议将其作为大中小学思想政治课、语文课、历史课教学的辅助教材，以及基层党支部党员教育教材，通过全国文化信息贡献工程传播到全国各个角落。

　　为了更好地落实长春同志的指示精神，配合中央关于建立社会主义核心价值体系的要求，让《感动中国人物志》中的英雄模范人物通过别样载体走进万千读者的内心世界，新华社电视节目中心、黑龙江出版集团、黑龙江少年儿童出版社通过精心策划，形成了《感动一个国家的人物》系列丛书选题出版计划。2010 年，该选题获得国家出版基金项目的支持，被新闻出版总署作为对青少年进行社会主义核心价值体系教育的出版范例向全国推荐。

　　作为思想教育读物，《感动一个国家的人物》在内容编排上力求符合广大读者，特别是青少年朋友的阅读心理习惯。在创作中，我们按照纪实文学的要求，发挥跨媒体写作优势，在尊重历史、尊重事实的基础上，融入多种文学创作手法，并从浩如烟海的历史图片中筛选出有价值的摄影佳作穿插其中，做到图文并茂，从而实现了故事生动感人、形象传神动人的"感动"效应，使本书既有思想价值，更具史料价值和文学艺术价值，为广大读者所喜闻乐见。

　　本书的编辑出版过程可称为一次"感动"之旅，是一次崇高的精神品味和精神传递。无论作者、编辑，还是审阅书稿的领导、专家，都时时被书中主人公的事迹所感动，这种感动也升华为一种工作精神。

　　我们的时代需要感动，"感动"是建设精神家园的巨大力量。本书的出版是对社会主义核心价值观形象而真实的诠释，更重要的是她可以引领广大读者，尤其是青少年读者踏着英雄模范人物的足迹去追求，去奋进。

　　愿感动与社会同行。

新华社电视节目中心
2011 年 3 月